FREUD E A TEORIA PSICANALÍTICA

MOISÉS DO VALE DOS SANTOS

FREUD E A TEORIA PSICANALÍTICA

SUMÁRIO

PREFÁCIO

O escritor Bernard-Henri Lévy (1848-), foi responsável por popularizar a expressão "século de Sartre". O seu objetivo era expressar a grande influência que o filósofo francês Jean-Paul Sartre (1905-1980) exerceu sobre século XX. É notório que este eminente filósofo foi um dos intelectuais mais marcantes do seu tempo, mas o título de pensador mais atuante do século XX caberia mais propriamente a Sigmund Freud (1856-1939). Nesse sentido, poder-se-ia dizer que o século XX foi o "século de Freud".

Além de ser considerado o pensador mais influente e polêmico do século XX, Freud também merece a denominação de "mestre da suspeita". Essa expressão foi cunhada por outro filósofo francês, chamado Paul Ricoeur (1913-2005), e se refere, além de Freud, aos filósofos Friedrich Nietzsche (1844-1900), e Karl Marx (1818-1883). De fato, esses três pensadores alemães tiveram enorme importância no questionamento das grandes ideias estabelecidas pela sociedade ocidental.

Com efeito, o primeiro e mais significativo questionamento de Freud em relação a tais ideias, diz respeito à preeminência do inconsciente sobre o psiquismo, em detrimento da consciência. Isso quer dizer que a partir de Freud, a realidade psíquica se deslocou do âmbito da consciência para o âmbito do inconsciente. Essa concepção representa para Freud, a terceira "ferida narcísica" desferida contra o orgulho da humanidade, porque assegura que além da vontade consciente existem impulsos que a consciência não conhece, nem pode controlar, de modo que o homem nem sequer é "senhor de sua própria casa".

A descoberta de processos mentais inconscientes teria retirado a última âncora da pretensão da humanidade, o último lugar no qual se abrigava com sua suposta superioridade e arrogância. Assim, ao revelar que a consciência não é soberana no psiquismo, Freud também demonstrou que a vontade consciente não possui suficiente autonomia para orientar as ações humanas. E o conceito de inconsciente foi descoberto pela existência de ideias ou processos mentais muito poderosos que podem produzir na vida mental todos os efeitos que as ideias comuns produzem, embora eles próprios não se tornem conscientes.

Depois que a psicanálise – ciência criada por Freud – trouxe à tona verdades profundas e incontestáveis acerca do funcionamento da mente ou psique, o ser humano jamais poderá ser concebido simplesmente como um animal racional. Isso ocorre, porque ele é amiúde dominado por impulsos irracionais provenientes do id, o qual se identifica com o que há de impessoal, involuntário e inconsciente nas forças profundas que governam o comportamento humano.

A psicanálise pode ser brevemente definida como a teoria da estrutura e função da personalidade, à aplicação dessa teoria a uma técnica terapêutica específica, bem como a outros ramos do conhecimento humano. De fato, Freud nunca restringiu suas investigações científicas ao campo do tratamento clínico de pacientes neuróticos, pois ele sempre aspirou que a psicanálise tivesse uma influência que ultrapassasse o seu lugar como tratamento curativo das neuroses. Esse ponto de vista é expresso num artigo chamado "A questão da análise leiga: diálogo com um interlocutor imparcial" (1926), no qual Freud enfatiza que o destino da psicanálise deve ir muito além do tratamento das neuroses. Porquanto, na condição de uma teoria do inconsciente psíquico, a psicanálise poderia se tornar útil para todos os campos do conhecimento que se ocupam da origem da cultura humana e de suas grandes instituições, como a arte, a religião e a organização social.

Na visão de Freud, a teoria psicanalítica já teria prestado ajuda considerável na solução de alguns problemas das diversas ciências, mas tais contribuições ainda seriam insignificantes, em comparação ao que se pode alcançar quando historiadores da civilização, psicólogos da religião e estudiosos da linguagem aprenderem a manejar a nova ferramenta de pesquisa colocada à sua disposição.

Entre 1915 e 1938, Freud foi indicado ao prêmio Nobel em 13 ocasiões, 12 vezes para o Nobel de medicina e uma vez para o de literatura, porém, ele nunca foi premiado. Pode-se dizer, que a razão principal de tal insucesso é que seus críticos defendiam que a psicanálise era uma prática sem fundamentos científicos.

Freud sempre reconheceu que a atitude de provocar oposições e despertar rancores parecia ser o destino inevitável da nova ciência. Todavia, ele considerou as rejeições contra a psicanálise o efeito de resistências subjetivas de natureza puramente emocional. Desse modo, as resistências contra a psicanálise não se originariam do fato de constituir um ramo recente do conhecimento humano; da ausência de um sólido fundamento epistemológico; nem por supervalorizar o papel da sexualidade na causa das neuroses. Mas, elas proviriam sobretudo da crença geral de que a consciência possuía o domínio sobre a totalidade do psiquismo.

No ano de 1909, Granville Stanley Hall (1846-1924), que era diretor da Clark University de Worchester, convidou Freud para realizar algumas conferências sobre o tema da psicanálise. Nessa ocasião, Freud estava acompanhado de Carl Gustav Jung (1875-1961) e Sándor Ferenczi (1973-1933). E quando chegava ao porto estadunidense de Nova York, Freud teria declarado que seus cidadãos não sabiam que estavam prestes a receber a "peste". Nesse contexto, o termo "peste" deve ser interpretado em sentido metafórico, significando que as ideias de Freud eram muito revolucionárias para a época, de modo que abalariam o establishment vigente na sociedade americana. A metáfora da "peste" parece sintetizar, pois, a ideia de que a psicanálise seria uma teoria psicológica subversiva e crítica, não somente em relação ao status quo, mas também em relação às ciências médicas, sociais e humanas.

Existe, com efeito, uma série de fenômenos psíquicos muito frequentes e conhecidos, como os sonhos, os atos falhos e os sintomas neuróticos, que depois de alguma instrução sobre a técnica psicanalítica, pode ser observada na experiência pessoal e se tornar objetos de análise. Embora seja uma ciência fundamentada empiricamente, a psicanálise é algo que se aprende sobretudo pela experiência subjetiva, mediante o estudo da própria personalidade e da auto-observação. À vista disso, ao *leitor que não tem receio de se opor à "massa compacta" nem conhecer ideias subversivas, fica o seguinte convite: venha e veja!*

O autor

1

Freud e o movimento psicanalítico

Sigmund Freud nasceu em 6 de maio de 1856, na pequena cidade de Freiberg, na Morávia, situada na atual República Tcheca. Freud era filho de Jacob Freud (1815-1896) e de Amalie Nathanson (1835-1930), ambos de origem judaica, os quais se mudaram para Viena no ano de 1860, onde Freud recebeu toda a sua formação intelectual. Freud demonstrou possuir desde muito cedo uma extraordinária inteligência: falava o alemão e o hebraico; em casa estudava o italiano e o espanhol; e na escola, estudava com afinco o grego, o latim, o inglês e o francês. Na escola secundária ele foi o primeiro de sua turma durante sete anos, por isso usufruía de uma série de privilégios especiais: era o único filho cujo quarto possuía uma lamparina com óleo que proporcionava uma melhor iluminação para os seus estudos noturnos. Seus irmãos, por sua vez, tinham de usar somente velas. Além do mais, com o intuito de não perturbar o jovem Freud nos estudos, seus pais não permitiam que os outros filhos tocassem instrumentos musicais em casa.

Apesar dos parcos recursos materiais de Jacob Freud, que era um simples comerciante de lã, ele nunca obrigou Freud a escolher uma determinada profissão, pelo contrário, insistiu que a escolha devia seguir somente suas próprias inclinações naturais. Naquela época e mesmo depois, sem sentir qualquer predileção particular pela profissão de médico, Freud dirigia sua atenção mais para as ciências humanas do que para as ciências naturais, a exemplo de seu interesse pela história bíblica. No entanto, as teorias de Charles Darwin (1809-1882), que no século XIX eram de importância atual, atraíram profundamente o jovem Freud, pois lhe ofereciam esperanças de extraordinário progresso na compreensão do mundo natural.

Após ouvir o belo ensaio de Johann Wolfgang von Goethe (1749-1832) sobre a natureza, lido em voz alta numa conferência popular por um professor, Freud decidiu então estudar medicina, ingressando na Universidade de Viena no ano de 1873, aos 17 anos. Na faculdade de medicina ele trabalhou no laboratório de fisiologia de Ernst Brücke (1819-1892), que lhe confiou um problema para solucionar na histologia do sistema nervoso. O problema foi solucionado com grande sucesso e Freud obteve a oportunidade de realizar futuras pesquisas no campo da histologia. Na Universidade de Viena, além de Brücke, Freud recebeu aulas de filosofia do professor Franz Brentano (1838-1917); recebeu aulas de zoologia do professor Carl Friedrich Claus (1835-1899), que era um renomado darwinista; e ainda teve um significativo contato com o médico Josef Breuer (1842-1925), que foi assistente de Johann Oppolzer (1808-1871) na Universidade de Viena até o ano de 1871.

Josef Breuer comunicou a Freud um caso de *histeria* que, entre 1880 e 1882, havia tratado de maneira peculiar, caso que lhe permitira penetrar profundamente na compreensão dos sintomas histéricos. Quando Breuer assumiu o caso, a paciente (cognominada de Anna O.) apresentava um quadro alterado de paralisias com contraturas, inibições e estados de confusão mental. Uma observação casual revelou para Breuer que a paciente podia ser aliviada dos sintomas histéricos se fosse induzida a expressar em palavras a fantasia emotiva pela qual se achava dominada. A partir dessa descoberta Breuer chegou a um novo método de tratamento: ele conduzia Anna O. a uma hipnose profunda e sugeria que falasse abertamente sobre o seu sofrimento psíquico. Desse modo, depois da eliminação dos ataques de confusão depressiva, aplicou a mesma técnica para eliminar suas inibições e distúrbios físicos. E através da sugestão hipnótica Breuer conseguiu, após longos e penosos esforços, aliviar a paciente de seus sintomas histéricos.

Na primavera de 1885, Freud foi nomeado conferencista de neuropatologia com base em suas publicações histológicas e clínicas. Posteriormente, como resultado de um caloroso testemunho de Brücke, obteve uma bolsa de estudos de significativo valor para estudar com Jean-Martin Charcot (1825-1893) no famoso hospital Salpêtrière. E no outono do mesmo ano viajou para Paris com essa finalidade. Certo dia, ouvindo Charcot expor o pesar de que desde a guerra não tinha tido mais notícias do tradutor alemão de suas conferências, prosseguiu dizendo que ficaria satisfeito se alguém se encarregasse de traduzir o novo volume de suas conferências para o alemão. Freud imediatamente ofereceu seus serviços de tradutor e Charcot aceitou a oferta, admitindo Freud no círculo de seus conhecidos pessoais. A partir de então, Freud tomou parte integral em tudo que se passava na Salpêtrière.

Com efeito, o que mais impressionou Freud no hospital Salpêtrière foram as últimas investigações de

Charcot sobre a histeria, algumas delas concluídas diante de seus próprios olhos. Charcot provara que as manifestações histéricas não eram fingimentos, nem uma doença orgânica, porque pôde reproduzir paralisias e contraturas histéricas por sugestão hipnótica. Desse modo, a hipnose provou ser um rico auxiliar para o estudo das neuroses, sobretudo da histeria.

A propósito, Josef Breuer se absteve de divulgar suas descobertas sobre a eficácia da hipnose na eliminação dos sintomas histéricos, mas Freud, ao retornar de seu curso na Salpêtrière, conseguiu convencer Breuer a trabalhar novamente sobre o assunto. Anos depois, em 1893, publicaram juntos uma nota prévia intitulada *Sobre o mecanismo psíquico dos fenômenos histéricos*, e no ano de 1895 um livro chamado *Estudos sobre a Histeria*, no qual batizaram de "método catártico" sua terapia de cura das neuroses.

Posteriormente, Freud substituiu o hipnotismo pela técnica da *associação livre*, e o *método catártico* de Breuer transformou-se na psicanálise, a qual foi praticada e desenvolvida exclusivamente por Freud por mais de 10 anos. Desse modo, a psicanálise foi gradualmente transformando-se numa teoria que parecia encontrar informações significativas sobre a origem, o sentido e a intenção dos sintomas neuróticos.

Entretanto, a receptividade que a psicanálise encontrou no mundo científico não foi nada amistosa. Em Viena Freud foi evitado, e a sua grande obra *A Interpretação dos Sonhos* (1900) mal foi objeto de críticas nas publicações científicas. Por mais de um decênio ninguém se preocupou com suas pesquisas, até que no ano de 1907 dois psiquiatras suíços, a saber, Paul Eugen Bleuler (1857-1939) e Carl Gustav Jung (1875-1961), voltaram sua atenção para a técnica psicanalítica. Assim, paulatinamente foi-se formando ao redor de Freud um círculo cada vez mais numeroso de discípulos. Eles não somente difundiram a doutrina psicanalítica, mas também a estudavam com afinco. Na Páscoa de 1908 os adeptos da nascente ciência reuniram-se em Salzburg para a realização do primeiro Congresso Psicanalítico, no qual concordaram com o cumprimento periódico de outros congressos semelhantes. Adotaram também providências para a publicação de um órgão que foi organizado por Jung e que recebeu o título de *Anuário de Pesquisas Psicanalíticas e Psicopatológicas*.

No ano de 1909 Granville Stanley Hall (1846-1924), que era diretor da Clark University de Worchester (localizada em Massachussets, Estados Unidos), convidou Freud para realizar na referida Universidade algumas conferências sobre a psicanálise, as quais foram cordialmente acolhidas. Nessa ocasião Freud estava acompanhado de Carl Gustav Jung e Sáncor Ferenczi (1973-1933).

Em março de 1910, dois anos após o primeiro Congresso Psicanalítico, realizou-se o segundo, dessa vez na cidade de Nuremberg. O terceiro Congresso realizou-se em setembro de 1911, em Weimar, que segundo Freud foi o mais bem-sucedido quanto à atmosfera geral e ao interesse científico. Em setembro de 1913 ocorreu o quarto Congresso Psicanalítico, realizado em Munique. Desde então, a psicanálise começou a ser conhecida e praticada em muitos países, tais como a Inglaterra, a índia, o Canadá, a Austrália, o Brasil, o Chile e a Argentina. Aliás, o Brasil foi o primeiro país de implantação da psicanálise na América Latina. Entre 1914 e 1930, vários psiquiatras contribuíram para a sua progressiva implantação no Rio de Janeiro, em São Paulo e na Bahia, tais como Arthur Ramos (1903-1949), Júlio Porto-Carrero (1887-1937) e Francisco Franco da Rocha (1864-1933).

No entanto, muitos dos discípulos de Freud separaram-se do movimento psicanalítico, tomando caminhos próprios ou mesmo se opondo, o que parecia (ao menos para Freud) uma ameaça para o progresso da psicanálise. Assim, entre 1911 e 1913, C. G. Jung, em Zurich, e Alfred Adler (1870-1937), em Viena, procuraram interpretar de maneira particular os fatos psicanalíticos, o que suscitou certo abalo no movimento. Além desses, existiram outros dissidentes, tais como Wilhelm Stekel (1868-1940), Karl Abraham (1877-1925), Max Eitingon (1881-1943), Otto Rank (1884-1939), Oskar Pfister (1873-1956), Abraham Arden Brill (1874-1948), Theodor Reik (1888-1969), Sándor Ferenczi etc.

Segundo Freud, as divergências teóricas no interior do movimento psicanalítico deveriam ser encaradas com naturalidade, mas para ser legítima, uma comunidade psicanalítica deveria possuir um consenso sobre alguns pontos essenciais: a hipótese da existência de processos psíquicos inconscientes; o reconhecimento da teoria da *resistência* e do *recalcamento*; e a valorização da sexualidade e do *complexo de Édipo*. Assim sendo, de acordo com Freud, era evidente que as pessoas que abandonassem esse terreno comum deixariam de ser psicanalistas.

Sigmund Freud e Martha Bernays (1861-1951) se conheceram em abril de 1882, em Hamburgo. Martha foi a segunda filha de Emmeline e Berman Bernays (1826-1854) e o seu avô paterno chamava-se Isaac Bernays (1792-1849), renomado rabino da cidade Hamburgo. No entanto, o baixo salário e as poucas perspectivas de prosperidade na pesquisa científica tornaram-se um empecilho para o casamento de Freud e Martha. Por essa razão, Freud abandonou o laboratório de Brücke e começou a trabalhar no principal hospital de Viena. E finalmente, no outono de 1886, depois de quatro anos de noivado, Freud se casa com Martha Bernays.

Sigmund Freud e Martha Bernays tiveram seis filhos: Mathilde (1887-1978); Jean-Martin (1889-1967); Oliver (1891-1969); Ernst (1892-1970); Sophie (1893-1920); e

Anna (1895-1982). Dentre os seis filhos de Freud, Anna merece especial destaque em virtude de sua primorosa carreira como psicanalista, direcionando seu estudo principalmente para o tratamento de crianças. Depois do casamento de Mathilde e da morte prematura de Sophie, Anna Freud tornou-se discípula, confidente e cuidadora de seu pai. Freud também analisou Anna em duas ocasiões: entre 1918 e 1920 e entre 1922 e 1924. Aliás, dentre os seis filhos de Freud, Anna foi a única que não se casou, nem teve filhos.

Os últimos anos de vida do pai da psicanálise coincidiram com a expansão do regime nazista na Europa. No dia 10 de maio de 1933, em muitas cidades da Alemanha, foram queimados em praça pública os livros de escritores alemães inconvenientes ao regime nazista, dentre os quais se encontrava Sigmund Freud. O regime nazista queimou as publicações de Freud assegurando que o seu conteúdo representava a degradação da raça judaica. Além do mais, todo o seu patrimônio foi usurpado pelos nazistas, incluindo sua casa onde viveu por muitos anos; até mesmo sua biblioteca particular foi incendiada. Diante desses acontecimentos, e de maneira irônica, Freud elogiou a atitude nazista por representar um avanço para a humanidade, uma vez que antigamente não somente as obras eram queimadas, mas também os seus autores. Apesar dessas perseguições Freud se recusou a fugir da Alemanha.

Em 1938 a perseguição nazista contra os judeus se intensificou e os oficiais da Gestapo proibiram Freud de prosseguir no seu trabalho. Foi então que aos 81 anos, avançado em idade e com um câncer no maxilar, decidiu transferir-se para a Inglaterra. No entanto, os nazistas exigiram um montante em dinheiro para permitir a saída de Freud. Confiscaram o seu passaporte e somente o devolveriam mediante o pagamento. Freud não tinha o dinheiro necessário para pagar por sua liberdade. Por isso, os psicanalistas americanos se organizaram e angariaram recursos para resgatar Freud, mas como a soma estipulada pelos nazistas era muito elevada, não puderam pagar o resgate. Até mesmo a princesa Maria Bonaparte (1882-1962), que era sobrinha bisneta de Napoleão I (1769-1821), a qual foi considerada a primeira psicanalista da França, ofereceu o equivalente a 250 mil xelins para ajudar na soma exorbitante exigida pelos nazistas. Por fim, para que Freud pudesse ser resgatado com vida, foi necessário a intervenção do presidente americano Franklin D. Roosevelt (1882-1945), que rogou ao embaixador alemão que proibisse o abuso. E depois de pago o resgate Freud transferiu-se para a Inglaterra.

No entanto, o sofrimento de Freud tornou-se cada vez mais intenso em virtude do estado avançado do câncer no maxilar e no palato que o afligia por 16 anos. E depois de 33 cirurgias sem poder eliminá-lo, sentindo uma extrema dor, Freud pediu para seu médico Max Schur

(1897-1969) que lhe aplicasse uma dose de morfina além do necessário para terminar com sua agonia. Este concordou em realizar a eutanásia e, no dia 23 de setembro de 1939, o mundo perde o gênio fundador da psicanálise aos 83 anos de idade.

2

A teoria dos sonhos

Sigmund Freud sempre defendeu a sua teoria acerca dos sonhos como a parte da psicanálise melhor fundamentada, o que foi demonstrado pelo fato de que essa teoria sofreu pouquíssimas alterações no decorrer da história do movimento psicanalítico. A teoria de Freud sobre os sonhos foi primeiramente exposta no livro *A interpretação dos Sonhos*, publicado em novembro de 1899 sob o título *Die Traumdeutung*, mas foi datado de 1900. Com efeito, pode-se assegurar que *A interpretação dos Sonhos* constitui a obra mais significativa da psicanálise, e constitui uma contribuição extraordinária para a psicologia porque revelou ao mundo a possibilidade de decifrar o enigma dos sonhos, os quais possuiriam um sentido. Os sonhos, então, seriam mensagens do inconsciente passíveis de serem interpretadas; e interpretar significa encontrar um sentido oculto.

O interesse de Freud foi atraído para os sonhos em virtude dos relatos de seus pacientes, tendo reconhecido imediatamente o seu valor para o estudo das tendências reprimidas. Freud descobriu que os sintomas que normalmente afligem os indivíduos neuróticos possuem um sentido. E com base nessa descoberta desenvolveu o método psicanalítico. No tratamento psicanalítico ocorreu de os pacientes revelarem os seus sonhos em vez de relatarem seus sintomas, por isso, Freud elaborou a hipótese de que não somente os sintomas, mas também os sonhos possuem um sentido. Aliás, o próprio sonho seria uma espécie de sintoma neurótico que se apresenta em todas as pessoas normais[1]. Sendo assim, o estudo dos sonhos não proporciona simplesmente a compreensão dos processos e conteúdos mentais inconscientes, mas revela os conteúdos mentais que foram recalcados, ou excluídos da *consciência,* pois a parte do id cujo acesso à consciência foi barrado é precisamente a que está envolvida nos processos patogênicos que causam as neuroses.

Antes de Freud apresentar sua revolucionária teoria acerca dos sonhos, duas hipóteses eram normalmente defendidas pela comunidade científica. De um lado os sonhos eram concebidos como a reprodução de eventos do estado de vigília, ou de fatos que se ligam a esses eventos. E de outro, eram concebidos como o resultado de excitações fisiológicas externas ou internas, percebidas pelos indivíduos quando estão dormindo. Todavia, Freud não rejeita simplesmente as concepções comumente aceitas pela comunidade científica de sua época, mas as considera insuficientes para explicar de maneira plena o fenômeno dos sonhos. Se a primeira hipótese é verdadeira para alguns sonhos particularmente explícitos, na maioria dos casos nada evidencia a ligação dos sonhos com o estado de vigília. No que se refere à segunda hipótese, a explicação fisiológica dos sonhos não pode explicar suficientemente o seu conteúdo, porque para Freud o fenômeno dos sonhos deve ter uma explicação psicológica ligada à hipótese de que são essencialmente a expressão de desejos.

A mais importante descoberta de Freud acerca da natureza dos sonhos consiste na afirmação de que os sonhos noturnos representam a manifestação de desejos. Com efeito, a afirmação de que um desejo seja o causador do sonho, que a realização desse desejo seja o conteúdo do sonho, constitui uma de suas características principais. A outra característica é que o sonho não apenas expressa um pensamento, mas apresenta, sob a forma da alucinação, o desejo como realizado[2]. Assim, o causador do sonho é sempre um desejo, e não uma preocupação, uma intenção ou uma recriminação.[3]

Com efeito, de acordo com a hipótese de que os sonhos correspondem à realização de desejos é possível compreender uma das importantes funções dos sonhos, a saber, a função de proteger o sono. Alguém poderia supor que o sonho atrapalha o sono, e que seria melhor não sonharmos, mas na verdade o sonho é o guardião do sonho. Se alguém está dormindo e sente um desejo por beber água, conforme o exemplo fornecido por Freud, a excitação causada pelo desejo pode induzi-lo a acordar. Todavia, o sonho elimina a excitação causada fazendo com que o desejo de beber água seja realizado no sonho. Sendo assim, o sujeito pode sonhar que está bebendo muita água para que o sono não seja interrompido. De acordo com essas noções existiriam duas tendências em conflito na mente humana: uma tendência que é representada pelo desejo de beber água e que exige uma satisfação; e uma tendência que procura preservar o sono. O sonho seria então uma solução para os conflitos entre essas duas tendências opostas. Por essa razão, mediante o sonho experimenta-se a satisfação de desejos, e ao realizar os desejos continua-se a dormir[4]:

A compreensão do tipo de sonho mencionado por Freud é particularmente fácil, pois não apresenta uma deformação na relação entre o conteúdo latente e o conteúdo manifesto. No entanto, a maioria dos sonhos não apresenta uma solução tão simples. Freud designou as imagens recordadas do sonho de "conteúdo manifesto", enquanto que os desejos ocultos, designou de "conteúdo latente". Em suma, o conteúdo latente do sonho difere do conteúdo manifesto nos seguintes aspectos: o primeiro é inconsciente, enquanto o último é consciente; o conteúdo latente é semelhante a um desejo, enquanto que o conteúdo manifesto é uma simples imagem visual. Assim, a relação entre o conteúdo latente e o conteúdo manifesto do sonho é uma fantasia consciente, segundo a qual o desejo oculto foi satisfeito, e que se manifesta na forma de uma imagem visual. Com efeito, o processo de sonhar é essencialmente um processo de satisfação de um impulso do id através de uma fantasia. Por isso, o sonho pode fazer com que uma pessoa continue dormindo e não seja acordada por uma atividade mental inconsciente e perturbadora. Isso ocorre porque o desejo perturbador do id, que habitualmente forma uma parte do conteúdo latente do sonho, se gratifica com a fantasia, perdendo parcialmente sua urgência e, por conseguinte, o poder de despertar a pessoa que dorme. Às operações mentais inconscientes através das quais o conteúdo latente do sonho se transforma em sonho manifesto Freud chamou de *trabalho do sonho*. De maneira muito similar aos sintomas neuróticos, a maioria dos sonhos representam desejos recalcados que são incompatíveis com os valores morais e estéticos aceitos pelo indivíduo, por isso, tornam-se irreconhecíveis para a consciência, e a designação atribuída a este fenômeno chama-se *deformação do sonho*.

Sendo assim, os sonhos podem ser compreendidos como o resultado de duas forças opostas. Uma representa a vontade de expressar um desejo ou aliviar uma tensão, e a outra representa a tendência oposta de rejeitar esse desejo. O desejo reprimido procura afirmar-se, mas encontra a oposição e a ansiedade, por isso, procura contornar essa oposição através de disfarces e modificações. Desse modo, o conteúdo manifesto de um sonho representa uma versão disfarçada e modificada de uma fantasia de satisfação de desejos, experimentada como uma imagem visual, e o disfarce e a modificação ocorrem de tal maneira que o aspecto de satisfação do desejo do sonho manifesto torna-se ininteligível. Todavia, as duas forças que travam uma batalha no aparelho psíquico tendem a entrar numa espécie de acordo, que Freud denomina de *formação de compromisso*. A formação de compromisso é uma expressão psicanalítica empregada para explicar os sonhos (e os sintomas neuróticos): as pulsões do id não podem ter acesso à consciência, pois estas se opõem aos valores morais e estéticos do indivíduo, então, a ansiedade só pode ser neutralizada pela expressão dos conteúdos inconscientes de maneira disfarçada. Assim, o ego estabelece um compromisso com o id, permitindo que o desejo proibido se manifeste, mas de maneira irreconhecível. Os sonhos, portanto, constituiriam uma formação de compromisso entre as representações reprimidas do desejo inconsciente e as tendências morais e estéticas do ego.

Para que ocorra efetivamente a interpretação de um sonho é imprescindível a observância da regra inquebrantável da *associação livre*: o paciente precisa comunicar tudo o que lhe ocorre, mesmo que o conteúdo seja irrelevante, absurdo, descabido ou embaraçoso para ser comunicado. Um indivíduo normal solicitado a fazer associações livres a partir do seu sonho certamente terá dificuldade, em determinados momentos, de comunicar certos conteúdos. A dificuldade que impede o analisando de conhecer o significado do seu sonho chama-se resistência, a qual conduz à concepção de que existe uma espécie de *censura* no sonho proveniente das tendências morais e estéticas que normalmente produzem o recalcamento. A interpretação deve penetrar na censura e inverter o processo de deformação do sonho. Esta atividade transforma o conteúdo latente em conteúdo manifesto relativamente livre de objeções. E, como o desejo expresso no sonho foi rejeitado pelo ego do analisando, a tentativa de trazer à consciência o significado do sonho no mais das vezes provoca uma violenta oposição.

As tendências contra as quais a censura do sonho se volta devem ser descritas a partir da perspectiva da própria instância que a exerce. Assim, com base nessa perspectiva, pode-se assegurar que as tendências são de natureza condenável, que são moral, estética, e socialmente deploráveis. São coisas que normalmente as pessoas não ousam nem pensar, ou que só pensam com muita repugnância. Além do mais, os desejos censurados pelo ego, os quais são expressos de forma deformada, são manifestações de um egoísmo ilimitado.[5]

Freud proporciona a análise do sonho de uma senhora que revela a maneira pela qual certos desejos de natureza repugnante são distorcidos pela censura do sonho[6]. O sonho em consideração, o qual será transcrito resumidamente, recebe o nome de "serviços amorosos". No sonho, a senhora vai a um hospital militar e diz ao guarda no portão que precisa falar como o médico chefe porque deseja prestar serviços no hospital. O guarda depois de hesitar a deixa entrar. Mas, em vez de ir até o médico-chefe ela chega a uma sala grande e escura onde se encontravam muitos médicos militares. Em seguida, ela se dirige a um médico que é capitão do exército e assegura que está disposta, juntamente com outras moças, a auxiliar os soldados e oficiais. O médico e capitão passa o braço pela cintura da senhora e murmura algo incompreensível. A mulher objeta o murmúrio do capitão assegurando ser uma senhora de idade. Na sequência do sonho, a senhora deseja ser conduzida ao médico chefe, que era seu conhecido, com o intuito de revelar o que lhe ocorrera. O médico a orienta para que suba até o segundo andar por uma escada de ferro, em formato de caracol, e ao subir a escada ela houve um oficial parabenizá-la pela decisão de se dispor a ajudar os soldados e oficiais, apesar de sua idade.

Depois da análise desse sonho Freud concluiu que a sonhadora estava disposta a oferecer seu próprio corpo para a satisfação das necessidades sexuais dos militares. Todavia, era muito repugnante para o ego da senhora em apreço a fantasia de se oferecer sexualmente para os militares, como uma simples meretriz. E, justamente onde o contexto exigiria a confissão desse desejo ocorre no sonho manifesto um murmúrio indefinido que é a consequência da censura exercida pelas tendências morais e estéticas do ego contra o desejo proibido.

Isso posto, os desejos censurados pela consciência, os quais são considerados distantes da natureza humana, revelam-se fortes o suficiente para fomentar os sonhos. Todavia, na maioria das vezes os sonhos apresentam uma deformação, sem a qual não poderia cumprir a sua função de preservar o sono, sem ofender as tendências morais e estéticas do ego. A deformação do sonho é consequência da censura exercida por tendências reconhecidas do ego contra desejos de alguma forma chocantes que se agitam nos indivíduos durante o sono. Durante o dia, a rigorosa pressão da censura pesa sobre os desejos humanos, impedindo-os de se manifestar através de qualquer ação. No entanto, durante a noite, como todos os interesses da vida psíquica, a censura é reduzida em favor do desejo único de dormir. Em virtude da diminuição da censura durante o período noturno os desejos proibidos se agitam e emergem nos indivíduos. Ademais, convém sublinhar que a deformação do sonho é proporcional a dois fatores: é tanto maior quanto mais grave for o desejo proibido a censurar; e quanto mais rigorosas se apresentarem no momento as exigências da censura.[7]

Conforme se procurou demonstrar no decorrer desse livro, Freud consagrou um espaço significativo nas suas pesquisas psicológicas para o mal na constituição psíquica do ser humano. Para Freud, o anseio pelo prazer que provém do id, escolhe seus objetos sem quaisquer escrúpulos, e amiúde demonstra predileção pelos proibidos: não apenas pela mulher do próximo, mas também por objetos incestuosos universalmente sacralizados pelos seres humanos, como a mãe e a irmã no caso dos homens, o pai e o irmão no caso das mulheres[8]. Sendo assim, o caráter repugnante dos desejos oníricos censurados seria mais uma evidência da existência do mal na constituição humana.[9]

Além disso, é necessário levar em consideração que o ódio, a hostilidade, o sentimento de vingança e de morte dirigidos contra os pais, os irmãos, o cônjuge, e os próprios filhos são mais comuns nos seres humanos do que se pode imaginar[10]. Por essa razão, parece inegável que o ser humano deve incluir entre as suas pulsões uma forte inclinação à agressividade. O ser humano também é inclinado a explorar o trabalho de seu próximo sem recompensá-lo, usurpar seu patrimônio, humilhá-lo, afligir-lhe dor, torturá-lo, e até matá-lo. Enfim, o ser humano se utiliza de todos os meios disponíveis para realizar os seus desejos, os quais são predominantemente egoístas e hostis, o que evidencia a existência do mal na natureza humana.[11]

No entanto, convém sublinhar que a psicanálise não pretende negar simplesmente as nobres aspirações da natureza humana, nem lhes reduzir o seu valor. A própria guerra foi capaz de trazer à baila o que há de mais belo e nobre no gênero humano, sua coragem heroica, sua capacidade de sacrifício pessoal, e sua sensibilidade social[12]. E se Sigmund Freud enfatizou o que há de mal na natureza humana foi porque muitas pessoas ingenuamente o negam, o que impediria uma compreensão mais profunda da vida psíquica. Portanto, o fato de a psicanálise enfatizar um aspecto que é constitutivo da vida humana (o egoísmo ilimitado e a hostilidade), não significa que negue o seu outro aspecto, qual seja, o altruísmo e a benevolência.

3

A descoberta do inconsciente e o modelo de aparelho psíquico

A psicanálise, desde o seu florescimento no final do século XIX, suscitou uma série de rejeições por parte de psicólogos, filósofos e médicos. Sigmund Freud reconheceu que a atitude de provocar oposições e despertar rancores parecia ser o destino inevitável da nova ciência[13]. Além do mais, ele considerou as rejeições contra a psicanálise o efeito de resistências subjetivas de natureza puramente emocional.[14]

As resistências contra a psicanálise não se originaram do fato de constituir um ramo recente do conhecimento humano; da ausência de um sólido fundamento epistemológico; nem por supervalorizar o papel da sexualidade na etiologia das neuroses. Todavia, as resistências provinham principalmente da crença geral de que a consciência possuía o domínio sobre a totalidade do psiquismo. Sendo assim, ao proclamar a preeminência do *inconsciente* sobre o psiquismo, em detrimento da consciência, a psicanálise infligiu à humanidade sua terceira *ferida narcísica*.[15]

Com efeito, depois de Nicolau Copérnico (1473-1543) invalidar no século XVI a hipótese geocêntrica, ao retirar o ser humano do centro do universo, e depois de Charles Darwin (1809-1882) demonstrar, no século XIX, que a espécie humana pertence a um tronco que é comum a outras espécies, Sigmund Freud ainda no século XIX desferiu o golpe final no orgulho narcísico da humanidade ao assegurar que além da vontade consciente existem impulsos que a consciência não conhece, nem pode controlar. À vista disso, a psicanálise teria retirado a derradeira âncora da pretensão da humanidade, o último lugar no qual se refugiava com sua suposta superioridade e soberba, ao declarar que a consciência não é soberana no psiquismo nem possui suficiente autonomia para determinar os comportamentos humanos.

Mediante a experiência do médico francês Hyppolyte Bernheim (1837-1919), Freud demonstra a influência que os processos mentais inconscientes exercem sobre o comportamento humano: um paciente hipnotizado recebia de Bernheim a ordem de abrir um guarda-chuva na enfermaria do hospital, e cinco minutos depois de haver despertado do transe hipnótico o paciente executava a ordem sugerida[16]. O paciente em consideração era incapaz de explicar o verdadeiro motivo de seu procedimento, que consistia na sugestão dada pelo médico no momento do transe hipnótico, a qual era rigorosamente executada e depois justificada com as explicações mais plausíveis. Assim, um fato, uma representação ou impulso, desconhecidos em sua origem pelo sujeito, são capazes de mobilizar no consciente um ato volitivo qualquer, e quando se pergunta a ele por que o realizou, o mesmo oferece uma razão que confere a sua atitude um significado mais ou menos coerente e lógico. Além disso, Bernheim hipnotizava principalmente pessoas sãs, o que permitiu supor que as pessoas em geral podem agir por motivos que não são aqueles que elas proclamam conscientemente.[17]

Isso posto, em virtude do advento da psicanálise, a realidade psíquica se deslocou do âmbito da consciência para os registros do inconsciente, que passa então a regê-la. Isso significa que no subterrâneo da consciência existe subjacentemente outra instância psíquica, ao mesmo tempo profunda e inacessível, a qual recebe o nome de inconsciente.

Pode-se dizer que a primeira grande ruptura realizada pela psicanálise ocorreu no campo da psicologia clássica. Esta teve sua gênese com a filosofia de René Descartes (1596-1650) e continuou com a tradição cartesiana, fundada no paradigma da consciência. A consciência para Descartes não é um evento ou um grupo de eventos particulares, nem um aspecto particular, ou uma atividade particular da alma, mas é toda a vida espiritual do ser humano em todas as suas dimensões. Por isso, o cerne da psicologia clássica era o estudo das faculdades mentais, como a sensação, a percepção, a atenção, a memória, a imaginação e o entendimento. Todas essas faculdades mentais seriam intrínsecas à dimensão da consciência.[18]

Segundo a psicologia clássica, o psiquismo estaria identificado somente com os fenômenos da consciência. Nesse sentido, os adeptos da psicologia clássica concebiam a consciência como a própria definição do psíquico. E é justamente esta concepção que a psicanálise rejeitou ao assegurar que a realidade psíquica não se define pelos processos conscientes, mas pelos processos inconscientes. A consciência, pois, tornou-se para a psicanálise um mero aspecto do psíquico e não a sua totalidade.

A ruptura da psicanálise com a filosofia se identifica com a ruptura daquela com o paradigma da psicologia clássica. De acordo com Paul-Laurent Assoun (1948-) é o *consciencialismo* da filosofia dominante que faz dela um obstáculo decisivo para a psicanálise. E é justamente essa oposição que constitui o rompimento da psicanálise com a filosofia. Além do mais, o consciencialismo absoluto da filosofia implicaria num obstáculo radical ao diálogo desta com a psicanálise, porque ambas as disciplinas tratariam de objetos distintos.[19]

A terceira ruptura realizada pela psicanálise diz respeito à racionalidade psiquiátrica, a qual teve na estrutura histérica um de seus alicerces fundamentais. A histeria, em meados do século XIX, era um dos principais campos de interesse da psiquiatria. No entanto, a histeria se apresentava como um verdadeiro enigma para uma medicina que fora construída sobre uma racionalidade que associava qualquer tipo de doença mental a uma lesão localizada no corpo do doente. Assim, a perspectiva de conceber as patologias mentais como um dano somático possui por fundamento a hipótese aventada pelo *fisicalismo*, segundo a qual, a mente é igual ao corpo, e tudo se reduz a um processo físico, de modo que toda a propriedade de um determinado objeto estaria intimamente relacionada com a sua natureza física.

Segundo Anatol Rosenfeld (1912-1973) o fisicalismo teve sua origem científica nas pesquisas de Johannes Mueller (1801-1858), que foi um dos maiores fisiologistas do seu tempo. Para este cientista, em essência o cérebro, considerado estruturalmente em relação ao corpo, forma uma união indissociável. As funções cerebrais devem ser entendidas em relação com os nervos. Por isso, as qualidades mentais resultariam de qualidades físicas intrínsecas ao tecido nervoso. Tal concepção redundou numa psicologia fisiológica em que a mente e o corpo estariam intrinsecamente relacionados. Desde então, foi estabelecida a relação íntima entre o registro dos sintomas das diferentes enfermidades catalogadas pela clínica médica e as lesões corporais.[20]

A psicanálise, na sua origem, partiu da experiência clínica no campo da neuropatologia, daquilo que se evidenciava como o seu grande embaraço, a saber, a estrutura histérica. Esta era um problema justamente porque questionava a medicina no seu fundamento anatomoclínico, pois apresentava uma série de sinais e sintomas que não podiam ser explicados pela verificação anatômica, já que existiam na estrutura histérica sofrimento psíquico e sintomas corpóreos, mas sem a evidência de qualquer lesão física.[21]

Freud desenvolveu a hipótese de que os sintomas corporais da histeria não podiam ser explicados pela racionalidade psiquiátrica porque não estavam em conexão com a realidade anatômica, mas com a realidade psíquica.

Assim, os sintomas histéricos estariam relacionados com uma representação psíquica do corpo, um corpo representado, e não com a estrutura do corpo anatômico. Por essa razão, Freud desloca a histeria do paradigma centrado na anatomia para o da representação psíquica.

Após destronizar a consciência de seu soberano lugar, Sigmund Freud desenvolveu um novo modelo de aparelho psíquico, constituído por diferentes registros, a saber, o *inconsciente*, o *pré-consciente* e o *consciente*, no qual o inconsciente veio a ocupar o lugar de preeminência. O aparelho psíquico, então, é regido em cada uma de suas partes por leis distintas: o *processo primário* regendo o inconsciente e o *processo secundário* regendo o pré-consciente/ consciente.

Segundo um ponto de vista dinâmico, Freud elaborou a concepção de um aparelho psíquico no qual cabe a regulação das tensões. Segundo essa perspectiva, o aparelho psíquico seria dotado de uma dinâmica, havendo um conflito psíquico no seu interior na medida em que as representações inconscientes pressionariam no sentido de ter acesso à consciência. Em contrapartida, o registro pré-consciente/consciente se oporia a esse impulso através do *recalcamento*. O recalcamento equivale ao mecanismo de defesa frequentemente utilizado para dominar os impulsos oriundos do inconsciente. Recalcar, então, significa obrigar as representações indesejáveis a permanecerem cativas no inconsciente.

Sabe-se que a atividade psíquica consciente só pode abarcar um pequeno número de representações. Essas representações são acessíveis e podem ser postas à disposição da atividade consciente em qualquer momento, como as lembranças infantis. As representações acessíveis à consciência localizam-se no registro pré-consciente. No entanto, existem representações que não podem ser conhecidas nem por um esforço da vontade nem de maneira natural. E somente essas últimas são consideradas inconscientes para a teoria psicanalítica. Desse modo, são inconscientes em sentido estrito os processos psíquicos que não podem ser evocados voluntariamente pelo sujeito. Quando alguma representação se torna inconsciente não basta apenas desejar que ela deixe de ser inconsciente para se tornar consciente. Todavia, para tornar consciente alguma representação inconsciente é preciso usar uma técnica especial que deve ser mais eficaz do que a mera vontade do paciente, qual seja, a técnica da *associação livre*.

O sistema inconsciente é a sede dos impulsos inatos e dos desejos recalcados. O sistema inconsciente é regido pelo *princípio de prazer* e caracteriza-se por uma energia móvel que tende à descarga e desloca-se ou condensa-se sobre os objetos e as ideias, sem nenhuma consideração pelos princípios da lógica, nem pelas normas sociais. O inconsciente não leva em consideração o mundo real porque o princípio de prazer que o domina busca a gratificação imediata do desejo. A propósito, o princípio de prazer é uma consequência do *princípio de constância*, segundo o qual o aparelho psíquico tem a tendência de manter a quantidade de excitação num nível tão baixo ou constante quanto possível. Desse modo, todo comportamento se origina de um estado de excitação desagradável e tende a buscar uma diminuição dessa excitação mediante a fuga do desprazer.[22]

Pode-se dizer, portanto, que o princípio de prazer é um resíduo da fase de desenvolvimento do ser humano, na qual constituía o processo psíquico dominante. Toda criança, por exemplo, na idade em que usufrui dos cuidados maternos, procura neutralizar o desprazer, oriundo do aumento de estímulo, gritando, lutando ou ainda alucinando a satisfação desejada. A atitude de uma criança pequena é muito simples e direta ao expressar os seus desejos, a qual poderia ser representada nos seguintes termos: "dá-me o que eu quero, agora!". Além disso, a única importância subjetiva que originariamente o ambiente tem para o infante é a de ser uma possível fonte de prazer.

Diferentemente do sistema inconsciente, o sistema pré-consciente/consciente é regido pelo *princípio de realidade*. A sua atividade característica é a inibição dos desejos inconscientes, a prorrogação da descarga pulsional e o ajuste do sujeito à realidade. Convém também salientar que o desenvolvimento psíquico crescente do sujeito é correspondente à crescente influência do princípio de realidade sobre o princípio de prazer. Pode-se dizer, então, que a substituição do princípio de prazer pelo princípio de realidade equivale a uma evolução do desenvolvimento psíquico. A modificação do princípio de prazer e sua adequação às condições impostas pela realidade exterior implicam no abandono do prazer imediato em favor de um prazer posterior e mais seguro. Por exemplo, o roubo de algum objeto muito desejado obviamente propiciaria para o sujeito um prazer imediato, mas por ser um crime sua realização resultaria numa consequente punição, o que induz o sujeito, no mais das vezes, a procrastinar o prazer oriundo da obtenção do objeto. Isso posto, o prazer imediato e incerto (pelo roubo) é abandonado por um prazer tardio e seguro (pela aquisição lícita).[23]

No processo primário a energia pulsional corre livremente e visa descarregar essa energia mediante a satisfação imediata do desejo. Já no processo secundário a energia não estaria livre, pois tende a investir suas representações de maneira estável, culminando sempre no adiamento da satisfação. Por isso, a oposição entre processo primário e processo secundário seria correspondente à oposição entre o princípio de prazer e o princípio de realidade.

Em sua obra *O ego e o id* (1923), Freud expõe a sua segunda concepção acerca do aparelho psíquico, mas dessa vez ele o faz sob o ponto de vista tópico. Freud, então, substitui a oposição entre o inconsciente e o pré-consciente/consciente pela distinção entre três instâncias psíquicas, a saber, o *id*, o *ego* e o *superego*. Ele sintetiza o significado dessas três instâncias nos seguintes termos.[24]

O id é o que há de impessoal, involuntário e inconsciente nas forças profundas que regem o comportamento humano. O id diz respeito à parte do aparelho psíquico que contém as tendências naturais mais primitivas, também chamadas de *pulsões*. Em termos dinâmicos, compõem-se de impulsos inatos e de desejos recalcados. Aliás, para os impulsos do id não existe o juízo de bem ou de mal, ou qualquer tipo de moralidade, nem tempo, nem relações causais e lógicas, mas apenas a forte inclinação que busca o alívio e a descarga da tensão psíquica. O id também atua de acordo com o princípio de prazer, buscando evitar a dor e o desprazer originados pela crescente tensão inerente ao aparelho psíquico. Por isso, no funcionamento do id predomina o processo primário.[25]

Com efeito, sob a influência do mundo externo, uma parte do id sofre um desenvolvimento que resulta no surgimento do ego. Segundo Freud, o ego é dominado pelo princípio de realidade, que equivale ao pensamento objetivo, lógico e socializado. É o ego que propicia a solução dos conflitos com a realidade exterior, e pode ser compreendido tendo em vista a aquisição de controle sobre a musculatura do esqueleto, também chamado de controle motor; a autopreservação; a percepção sensorial, que fornece informações essenciais sobre o meio ambiente; e a aquisição de um cabedal de lembranças, que é vital para influenciar o ambiente exterior.[26]

No que tange ao superego, pode-se assegurar que a sua formação advém da modificação do ego, que interioriza as forças repressivas que o sujeito recebe no decurso de seu desenvolvimento psíquico. Desse modo, o superego desenvolve-se desde o início da vida, quando a criança introjeta as regras morais ensinadas pelos pais, pelos professores e pela sociedade em geral, a fim de receber amor e consideração, mediante o sistema de recompensas e punições. Freud enfatiza que os pormenores da relação entre o ego e o superego tornam-se completamente compreensíveis quando são remontados à atitude da criança para com os pais. Todavia, tal influência parental inclui em sua operação não somente a personalidade dos próprios pais, mas também a família, as tradições nacionais por eles veiculadas, bem como as exigências do meio social imediato que representam. Aliás, ao longo do desenvolvimento de um indivíduo, o superego também é capaz de receber contribuições de sucessores e substitutos posteriores aos pais, tais como professores, modelos e ideais sociais admirados[27]. Em suma, o superego compreende as funções morais da personalidade, tais como a aprovação ou desaprovação de comportamentos e desejos; a autoanálise crítica; a autopunição; a exigência de arrependimento ou remorso; e a satisfação como recompensa por bons pensamentos e ações virtuosas.

Charles Brenner (1914-2008) assevera que a influência do superego já se evidencia no fim do primeiro ano de vida. Todavia, as exigências morais desse período são muito simples, pois dizem respeito aos hábitos de higiene. Na fase pré-edipiana, a criança se relaciona com as exigências morais como parte de seu ambiente: se a mãe está presente e a criança deseja agradá-la, evitará uma transgressão, mas se estiver sozinha ou zangada com a mãe procederá de maneira diferente, sendo dominada apenas pelo medo da punição. No entanto, no decorrer da própria fase edipiana, as coisas começam a mudar significativamente, pois, em torno dos cinco ou seis anos, a moralidade torna-se uma questão íntima. A partir dessa fase a criança passa a sentir pela primeira vez que as normas morais, e a exigência de que a transgressão precisa ser punida, advêm do seu interior e não de outra pessoa a quem deve obedecer. Além disso, somente aos nove ou dez anos de idade o processo de introjeção se torna estável e dominante na vida psíquica. E, a partir da época da formação do superego, o ego perde uma parte significativa de sua liberdade de ação e permanece sujeito ao poderio do superego.[28]

Para Alberto Tallaferro, o superego, que é um verdadeiro código de normas éticas, constitui um dos requisitos indispensáveis para a adaptação social. Seus elementos essenciais derivam da incorporação de exigências pessoais e gerais do ambiente social. Ele também representa a "voz da consciência", posto que é a incorporação no ego das injunções proibitivas dos pais, bem como a internalização da compulsão externa. Por isso, ele adquire uma invencível autoridade sobre o ego, que por sua vez tem o poder de realizar ou não o ato proibido, conforme sua capacidade de resistência. O superego toma o lugar da função paterna e se constitui numa espécie de juiz, uma instância superior, que não apenas obriga o indivíduo a abandonar impulsos de natureza sexual e agressivos, mas ainda observa, guia, censura e ameaça o ego, do modo como anteriormente os pais faziam com as crianças. E o castigo que o superego inflige é o que se reconhece como "remorso" ou "peso na consciência". Em alguns casos, o superego pode produzir um forte sentimento de culpa e, por conseguinte, uma necessidade imediata de castigo. E a dor do castigo é aceita ou até provocada com a esperança de que, depois da grande dor e da pena, o sentimento de culpa desapareça. Tal necessidade de castigo pode ser a causa de atos patológicos injustificados sob o ponto de vista consciente, como o fracasso, os acidentes e até atos criminosos que têm por finalidade o castigo ansiado no plano inconsciente. No entanto, o recalcamento dos impulsos não ocorre somente por medo do castigo, mas também por amor, que em compensação, produz no ego do indivíduo uma satisfação narcísica de bem-estar como recompensa por ter agido bem.[29]

4

A teoria da sexualidade

De acordo com Freud, o desenvolvimento civilizacional implica necessariamente na restrição da pulsão sexual. E quando essa irrompe, é necessário que a sociedade tenha entre suas funções educativas mais cruciais a de controlá-la. Uma comunidade civilizada jamais poderia permitir o livre fluxo da pulsão sexual porque a civilização não teria mais oportunidade de retirar da sexualidade qualquer energia para assegurar sua permanência, bem como a coesão da comunidade. Do contrário, a pulsão sexual romperia todos os diques e arrastaria em sua torrente tudo o que a civilização construiu até o presente[30]. À vista disso, a cultura empreende um grande esforço para controlar as manifestações da sexualidade infantil, porquanto não é possível controlar os desejos sexuais dos adultos sem um trabalho propedêutico na infância.

De acordo com Freud a mãe constitui o primeiro objeto de amor da criança, e por volta da mesma época em que a mãe se torna objeto de amor, já se inicia na criança o trabalho psíquico do recalcamento, que oculta a esta o conhecimento de uma parte das metas sexuais. Em conexão com a escolha incestuosa da mãe como objeto de amor ocorre o que Freud designa por *complexo de Édipo*.[31]

A elaboração teórica do complexo de Édipo se originou a partir de um *insight* do pai da psicanálise. Este constatou no discurso de muitas pacientes histéricas acusações de violência sexual sofridas por parte dos seus pais, e após ter admitido o erro de ter concedido demasiado crédito às suas pacientes, uma vez que não seria plausível que muitas delas fossem abusadas sexualmente, abandonou a hipótese da sedução e aventou a hipótese de que eram as próprias pacientes que nutriam desejos sexuais por seus pais. Desse modo, os desejos incestuosos por serem rejeitados pelas tendências estéticas e morais do ego das pacientes eram projetados nos pais e se manifestavam nas fantasias histéricas de abuso sexual.

No que tange à origem da expressão "complexo de Édipo" Freud se inspirou na tragédia grega escrita por Sófocles em 427 a.C. chamada *Édipo Rei* cuja narrativa pode ser resumida nos seguintes termos: o rei de Tebas chamado Laio, esposo de Jocasta, ao consultar o Oráculo descobre que seu filho o matará e se casará com a rainha. Para evitar o parricídio e o incesto, o bebê é deixado por ordem de Laio para morrer entre as cidades de Tebas e de Corinto. Todavia, por compaixão, um pastor coríntio consegue levar o bebê para sua cidade, na qual é adotado por um rei chamado Pólibo. Após alguns anos, ao consultar o oráculo de Delfos para esclarecer a dúvida acerca de sua origem Édipo recebe a terrível profecia de que irá assassinar o pai e se casar com a própria mãe. Com o intuito de fugir do destino e evitar a tragédia, Édipo abandona a cidade de Corinto e parte direcionalmente para Tebas. No caminho, encontra um homem com quem discute numa encruzilhada, e fora de controle, assassina o viajante e quase toda sua comitiva. Após andar sem direção, finalmente chega às portas da cidade de Tebas, onde a Esfinge expõe-lhe um enigma. Se porventura Édipo não for capaz de responder corretamente à pergunta, certamente morrerá. Édipo com perspicácia responde à pergunta da Esfinge e salva não somente a sua vida, mas também a cidade de Tebas. Como recompensa, recebe de Creonte o título de rei de Tebas e a mão de Jocasta, viúva de Laio, o rei que fora assassinado misteriosamente. Depois de quinze anos uma peste terrível assola a cidade de Tebas. Ao consultar o oráculo de Delfos, Creonte diz ao rei que, para livrar a cidade da peste, é necessário encontrar e punir o assassino do rei Laio, e Édipo assegura aos habitantes de Tebas que o criminoso seguramente será punido. Nesse meio tempo, aparece o homem que fazia parte da comitiva de Laio, e que sobrevivera no dia em que este foi assassinado. Ademais, trata-se do mesmo pastor que salvou o bebê entre as cidades de Tebas e de Corinto. O pastor, então, revela toda a verdade a Édipo, a saber, que este assassinara seu verdadeiro pai e desposara sua mãe. Na sequência, a rainha Jocasta em desespero comete o suicídio, e Édipo fura os próprios olhos.

Com inspiração na tragédia supramencionada Freud define em linhas gerais o complexo de Édipo como a concentração na mãe dos desejos sexuais por parte do menino, ao mesmo tempo em que este nutre sentimentos hostis em relação ao pai. Desse modo, o desejo erótico para com a mãe e a hostilidade para com o pai constituem os componentes essenciais do complexo de Édipo. O complexo de Édipo surge na criança entre os 3 e os 5 anos de idade. O seu arrefecimento marca o ingresso na fase da sexualidade infantil chamada *latência*; e o sucesso ou o fracasso na sua resolução, após o surgimento da puberdade, concretiza-se na escolha do objeto sexual. Além do mais, convém sublinhar que para Freud o complexo de Édipo não constitui um fenômeno cultural qualquer, mas um fenômeno universal, pois supõe que os pacientes por ele observados representam a natureza humana em geral. Desse modo, em todas as obras de Freud encontram-se referências a fatores culturais na influência dos comportamentos humanos, mas estes fatores não possuem uma importância fundamental. A cultura desempenha certo papel, mas é concebida como subordinada à biologia. Por isso, o complexo de Édipo constitui para Freud uma fase biológica inevitável do desenvolvimento sexual do ser humano.[32]

Com efeito, Freud observou através das recordações dos neuróticos e das interpretações dos sonhos, que uma criança numa determinada idade se interessa sexualmente, e de modo regular, pelo progenitor de sexo oposto ao seu, desenvolvendo-se um sentimento de competitividade e um desejo de afastar o progenitor do mesmo sexo. O menino, por exemplo, exibe uma enorme curiosidade sexual em relação à sua mãe; de noite, insiste em dormir ao seu lado; persiste em estar presente quando ela está na toalete; realiza tentativas sedutoras; manifesta reações de ciúme e de possessividade; e até declara abertamente que quando crescer irá tomá-la em casamento. Além do mais, em virtude de seu desejo erótico pela mãe o menino nutre um sentimento de hostilidade em relação ao pai, que é considerado um rival. Todavia, o menino também ama o pai e isso acarreta que seus sentimentos hostis em relação a este constituam uma fonte de sofrimento psíquico. Pois, ainda que os impulsos incestuosos sejam recalcados e banidos para o inconsciente, a responsabilidade pelo desejo persiste em existir, e se manifesta no sentimento de culpa cujo fundamento é desconhecido. O complexo de Édipo, portanto, constitui uma das fontes mais importantes da consciência culpada[33]. Em decorrência dos sentimentos hostis para com o pai e dos sentimentos sexuais em relação à mãe, o menino espera ser punido, e a punição que cabe ao crime de incesto é a castração. Algo muito similar ocorre com a menina, a qual coloca no centro do interesse sexual a figura do pai, mas no seu caso o medo de castração desempenha uma função diminuída no conflito psíquico ligado à mãe, uma vez que não possui um pênis que é passível de ser castrado.

No entanto, se a situação edipiana é superada o menino acaba por identificar-se com o pai e procura imitá-lo de maneira viril, para em seguida suplantá-lo. Ao mesmo tempo, o menino transforma a sua atração sexual pela mãe numa forte inclinação por protegê-la, e isso permanece até à idade adulta. A atitude da menina é muito similar: atraída pelo pai entra em competição como a mãe de quem tem ciúmes como antagonista. Mas, se o conflito edipiano é solucionado a menina identifica-se sexualmente com a mãe, e aprende a seduzir o sexo oposto. Após tentar suplantar a mãe junto ao pai, a menina torna-se amiga daquela e, tendo se identificado com sua feminilidade, passa a praticar a sedução em relação aos demais homens. E, para a compreensão dos efeitos provocados pela incapacidade de superar o complexo de Édipo, convém examinar o famoso caso da paciente de Freud chamada Ida Bauer (1882-1945) que recebeu na época do tratamento psicanalítico o pseudônimo de "Dora". O caso Dora foi descrito por Freud no seu artigo intitulado *fragmento da análise de um caso de histeria* (1901).

Ida Bauer era uma moça virgem de 18 anos de idade, a qual foi conduzida para Sigmund Freud (em outubro de 1901) por seu pai chamado Philipp Bauer (1853-1913). O pai de Ida padeceu de muitas doenças durante sua vida, e a filha sempre se comprometeu com os seus cuidados. Todavia, a relação entre Philipp e sua esposa chamada Katharina Gerber-Bauer (1862-1912) não era muito íntima, e os dois viviam distantes um do outro. Em 1888 Philipp contraiu tuberculose, o que o obrigou a se mudar com toda a família para a comuna italiana de

Merano, no Tirol, onde conheceu Hans Zellenka que recebeu de Freud o pseudônimo "Sr. K." o qual era casado com uma bela mulher italiana chamada Giuseppina Zellenka, referida por Freud como "Sra. K.". O pai de Ida se aproximou muito de Giuseppina, a qual, em algumas ocasiões, cuidou daquele quando sua saúde declinou. Num primeiro momento Ida nutria certa afeição e respeito por Giuseppina, mas depois de um tempo passou a desprezá-la, acreditando que ela e seu pai mantinham um romance secreto.

Ida Bauer apresentava desde muito cedo uma série de sintomas histéricos: aos sete anos manifestou o primeiro sintoma conversivo, a saber, uma enurese noturna, e posteriormente a dispneia, a tosse nervosa, a afonia, as fortes dores de cabeça, a depressão, e a tendência ao suicídio. A explicação de Freud para os sintomas histéricos de Ida se fundamenta no relacionamento entre esta, seu pai, e Giuseppina. Na infância, Ida teria desenvolvido um desejo incestuoso por seu pai. Este desejo, embora seja aceito como natural pela criança quando ainda é muito tenra, posteriormente, pode se transformar em sentimento de culpa, uma vez que a criança começa a compreender que o relacionamento incestuoso é moralmente deplorável. E com o intuito de proteger o seu ego, Ida reprimiu o desejo incestuoso, tornando-o inconsciente. Assim, ao permanecer o desejo incestuoso no inconsciente, Ida se tornou incapaz de compreender os seus próprios sentimentos, e dirigir as suas ações de maneira consciente. Ademais, o desejo permaneceu reprimido por algum tempo, mas certos eventos foram responsáveis por trazer o material reprimido à tona.

De acordo com a análise feita por Freud, a histeria que Ida Bauer desenvolveu representava uma identificação com Giuseppina Zellenka, a qual possuía (na sua imaginação) o amor de seu pai, o mesmo amor que a moça desejava ter para si. Com efeito, Giuseppina tornou-se amante de Phillip e cuidou dele no ano 1892, quando ele sofreu um descolamento da retina. Desse modo, a identificação de Ida com Giuseppina possibilitou a princípio a existência de uma amizade entre elas. Ida também começou a se aproximar de Hans Zellenka, e o afeto que tinha por este acabou se traduzindo numa paixão que a moça tentou veementemente evitar. Com o intuito de evitar tal sentimento, acabou suscitando justamente o desejo incestuoso que havia reprimido na infância em relação ao pai. E depois que Hans demonstrou não estar interessado por Ida, esta passou a evitar o relacionamento com o casal Zellenka. A partir de então, Ida também deixou de aceitar o relacionamento do pai com Giuseppina.

No contexto da análise, ao ser confrontada com as interpretações de Freud a jovem histérica negou sua veracidade, ou simplesmente afirmou não se lembrar de coisa alguma. Ida não estava deliberadamente mentindo para Freud, porquanto muitas de suas lembranças foram efetivamente apagadas quando ocorreu o recalcamento do desejo incestuoso, subsistindo em seu lugar amnésias, ou ainda falsas memórias. Esses fenômenos psíquicos são muito comuns nos casos de neurose, nos quais ocorrem confusões e dúvidas no tocante às lembranças infantis.

Os sintomas apresentados por Ida Bauer, como a tosse histérica de que ela tanto reclamava, possuíam uma relação com o recalcamento de suas fantasias sexuais. Ida acreditava que a relação sexual que seu pai mantinha com Giuseppina era de natureza oral. E, por conservar uma paixão inconsciente por seu pai, Ida se identificava com a amante dele, desejando, por conseguinte, tomar o seu lugar. Sendo assim, a tosse de Ida era a forma como a fantasia do sexo oral se converteu num sintoma histérico, pois os conflitos psíquicos não solucionados por Ida foram traduzidos de forma simbólica no sintoma corporal.

A resolução do conflito edipiano no mais das vezes conduz os indivíduos a um estado de coisas em que é possível obter uma vida social, sexual, e profissional que não seja limitada por inibições, e sem graves conflitos psíquicos. Com efeito, a superação do complexo de Édipo resulta na renúncia ao objeto edipiano e na busca pelo objeto sexual normal, o que permite ao indivíduo afirmar sua autonomia, sem medo da rivalidade com o progenitor do mesmo sexo. Entretanto, se a tentativa de superação do complexo de Édipo é frustrada, o sujeito se orienta para soluções que o colocam à margem da sociedade. E, uma das soluções possíveis implica na *perversão sexual*.

De acordo com Jean Laplanche (1924-2012) e Jean-Bertrand Pontalis (1924-2013), a perversão sexual, no contexto da psicanálise freudiana, é definida como o desvio em relação ao ato sexual normal, que é o coito que visa a obtenção do orgasmo por penetração genital, com uma pessoa do sexo oposto. Sendo assim, a perversão ocorre quando o orgasmo é alcançado com outros objetos sexuais ou através de outras regiões do corpo onde o orgasmo acha-se totalmente subordinado a certas condições extrínsecas, que podem mesmo ser suficientes, em si mesmas, para ocasionar prazer sexual.[34]

Com efeito, para a cultura ocidental a escolha de objeto do indivíduo sexualmente maduro se reduz ao sexo oposto, e a maioria das satisfações sexuais extragenitais é rejeitada como perversão. Assim, para Freud, a civilização atual só permite relações sexuais baseadas na união indissolúvel entre um homem e uma mulher, e censura a sexualidade como fonte autônoma de prazer. A civilização está disposta a tolerar a sexualidade como fonte de prazer, porém, a sexualidade precisa ter por finalidade a perpetuação da espécie humana.[35]

No entanto, existem muitos indivíduos cuja vida sexual difere da maneira mais notável do quadro comum da média das pessoas. Esses indivíduos são chamados de *perversos*, os quais se preocupam em manter vivo o desejo edipiano, e transformam toda relação sexual um equivalente da relação edipiana. As perversões sexuais podem ser compreendidas sob dois aspectos: como transgressões anatômicas quanto às regiões do corpo destinadas à união sexual; e como procrastinações nas relações intermediárias com o objeto sexual, que normalmente seriam atravessadas rapidamente para o alvo sexual final[36]. Por isso, os perversos podem ser divididos em dois grupos: aqueles em que o objeto sexual se modificou, como os homossexuais (ou invertidos); e aqueles em que o que sofreu a alteração foi a meta sexual, a exemplo dos fetichistas, dos sádicos, dos masoquistas, dos voyeurs, e dos exibicionistas.

Ao primeiro grupo pertencem os que renunciaram a união dos órgãos genitais e ignoram as insuficiências naturais do aparato orgânico. Com efeito, os homossexuais aboliram a oposição entre os sexos, e somente as pessoas do mesmo sexo são aptas a excitar neles o desejo sexual. Por essa razão, os homossexuais abriram mão de qualquer participação na reprodução da espécie humana, e procedem com seu objeto sexual mais ou menos da mesma forma que os normais com os deles. No entanto, é necessário reconhecer que no mais das vezes os homossexuais, tanto ética, quanto intelectualmente, são altamente desenvolvidos. Não obstante, são estigmatizadas pelo desvio da sexualidade dita normal.[37]

Sigmund Freud indica, que existem quatro tipos distintos de homossexuais, a saber, os *homossexuais absolutos*; os *homossexuais anfígenos*; os *homossexuais ocasionais*[38]; e os *homossexuais latentes*.[39]

Os homossexuais absolutos são aqueles cujo desejo sexual só tem por objeto os indivíduos pertencentes ao próprio sexo, enquanto que os indivíduos do sexo oposto não os atraem, e com muita frequência suscitam neles aversão sexual. Assim sendo, os homossexuais absolutos são incapazes de praticar o ato sexual nos moldes do que a civilização compreende como normal, ou não extraem desse ato nenhum tipo de prazer.

Os homossexuais anfígenos são aqueles cuja sexualidade possui indiferentemente por objeto ambos os sexos. Portanto, falta ao homossexual anfígeno o caráter de exclusividade que caracteriza os homossexuais absolutos.

Os homossexuais ocasionais são aqueles cuja sexualidade é determinada pelas circunstâncias externas, principalmente pela ausência de um objeto sexual normal, ou pela influência do meio social. Desse modo, os relacionamentos exclusivos com o mesmo sexo, o companheirismo na guerra, a detenção em presídios, as frustrações da relação heterossexual, o celibato, a carência afetiva e sexual, entre outros motivos, podem efetivamente fomentar a prática homossexual em alguns indivíduos.

Também existem os homossexuais latentes cujo número é maior do que o de homossexuais manifestos, e o que basicamente os caracterizam é a existência de desejos homossexuais inconscientes.[40]

A escolha objetal da criança é a princípio uma escolha débil, mas já constitui o começo que indica a direção para a escolha objetal na puberdade. Desse período em diante, o indivíduo humano tem de se dedicar à crucial tarefa de desvincular-se de seus pais e, enquanto essa tarefa não for efetivamente realizada, ele não é capaz de deixar de ser uma criança para se tornar membro da comunidade social. Com efeito, para o menino, essa tarefa consiste em romper seus desejos sexuais em relação à sua mãe e empregá-los na escolha de um objeto real, externo, do sexo oposto, e em reconciliar-se com o pai. Além disso, é necessário ao menino libertar-se da pressão do pai caso tenha se tornado submisso a ele. Essas tarefas são impostas a todas as pessoas e é muito raro existirem aquelas que enfrentam tais vicissitudes de maneira ideal. Assim sendo, os perversos não chegam a atingir uma solução satisfatória para o conflito edipiano, pois, de um lado, permanecem (por toda a vida) submetidos à autoridade do pai, e de outro, são inaptos para transferir o desejo sexual da mãe para a um objeto externo.

No que tange à origem da homossexualidade masculina Freud assegura em sua obra *Psicologia de grupo e análise do ego* (1921) que a sua causa se relaciona com o fato do menino conservar-se ligado eroticamente à mãe num grau de afetividade muito acentuado. Após o término da puberdade surge a época de o menino trocar a mãe por outro objeto sexual, e na maioria dos casos isso ocorre de maneira mais ou menos satisfatória. No entanto, se o menino não for capaz de romper com o seu desejo em relação à mãe, uma vez que não é possível realizá-lo, pode vir a solucionar o conflito edipiano a partir da identificação com a mãe. Sendo assim, ao identificar-se com a mãe o menino procura transformar-se nela, imitá-la e, por este motivo, transfere para o sexo masculino os seus desejos sexuais.[41]

O tipo de perversão denominado *fetichismo* designa a atitude na vida sexual de privilegiar uma das partes do corpo do parceiro (a) ou objetos relacionados com o corpo. Assim, o fetichismo constitui o desvio do desejo sexual normal para uma parte qualquer do corpo, como o pé, o seio, o ânus, a mão, o joelho, o braço, a orelha etc. E para fantasias e peças de vestuário, como uniformes, meia-calça, vestido ou lingerie.[42]

No entanto, para Freud, certo grau de fetichismo está presente em qualquer relação amorosa principalmente nos estágios de enamoramento em que o alvo sexual normal é inatingível ou sua satisfação parece impedida. Sendo assim, o fetichismo torna-se patológico somente quando o anseio pelo fetiche se fixa, substituindo o alvo sexual normal[43].

O termo *sadismo* foi cunhado por Richard von Krafft-Ebing (1840-1902) em 1886, inspirado no nome do escritor francês Marquês de Sade (1740-1814), e designa a perversão baseada num modo de satisfação sexual ligado ao sofrimento (psicológico ou físico) infligido a outrem. Por essa razão, os sádicos podem infligir toda sorte de sofrimento nos seus parceiros sexuais e obter dessa prática enorme prazer [44]. O sadismo é a perversão que se manifesta a partir do desenvolvimento do componente agressivo da pulsão sexual que se tornou independente e exacerbado. A sexualidade na maioria dos homens revela uma parcela de agressão cuja importância biológica talvez resida na necessidade de vencer a resistência do objeto sexual sem apelar para a sedução.

O *masoquismo* diz respeito a todas as manifestações passivas em relação à sexualidade e seus objetos. O masoquismo é o oposto do sadismo, e designa a perversão em que a satisfação sexual procede do sofrimento vivido e expresso pelo sujeito em estado de humilhação, que pode ser tanto física quanto moral[45]. O masoquismo e o sadismo ocupam entre as perversões um lugar especial, uma vez que o antagonismo entre a *atividade* e a *passividade* faz parte da característica universal da vida sexual[46]. E o que é mais notável na perversão sado-masoquista reside nas suas formas ativa e passiva, as quais costumam encontrar-se juntas numa mesma pessoa: quem sente prazer em infligir dor no outro na relação sexual é também capaz de obter prazer de qualquer dor que possa extrair das relações sexuais. Assim, o sádico é sempre e ao mesmo tempo um masoquista, mesmo que o aspecto ativo ou passivo da perversão possa ter-se desenvolvido nele com maior intensidade e represente sua atividade sexual dominante[47].

O *voyeurismo* designa a perversão que condiciona o sujeito a obter o prazer sexual somente através da observação de outras pessoas, as quais podem estar nuas, envolvidas em práticas sexuais, ou mesmo com um vestuário que seja atraente para o sujeito perverso. O voyeurismo manifesta-se de diversas maneiras, mas a principal delas diz respeito à ausência de interação do perverso com o objeto sexual, pois o prazer obtido pelo voyeur é estritamente visual.[48]

Por fim, o *exibicionismo* designa a perversão que condiciona o sujeito a obter o prazer sexual somente através da exposição total ou parcial de seu próprio corpo para as outras pessoas. O exibicionismo pode se manifestar de duas formas: no primeiro caso as pessoas envolvidas – os voyeurs – são cúmplices e ativas na atitude exibicionista; e no segundo caso (o qual é mais grave do ponto de vista moral porque implica no atentado ao pudor), ocorre a imposição do ato de exibir-se para pessoas que não desejam. Além do mais, para Freud, o par de opostos voyeurismo-exibicionismo possui as duas disposições presentes no par de opostos sadismo-masoquismo, quais sejam, a atividade e a passividade.[49]

Com efeito, é inegável que as perversões que até aqui foram examinadas ocorreram desde sempre, em todas as épocas da história da humanidade, em todos os povos, dos mais primitivos aos mais civilizados. E em alguns casos até gozaram de tolerância e de reconhecimento geral. Em exceção dos relacionamentos incestuosos (que são legalmente proibidos em todos os países conhecidos), nas democracias modernas a legislação não interfere na vida sexual dos adultos maiores de idade. A legislação apenas pune alguns desvios da sexualidade, como o estupro, a pedofilia e o exibicionismo, quando este implica no atentado ao pudor.

Normalmente as crianças são concebidas como criaturas inocentes, puras, e quem as descreve de modo contrário pode ser acusado de se opor aos sentimentos ternos e sagrados da humanidade. Entretanto, de acordo com as descobertas científicas de Sigmund Freud todas as tendências às perversões não surgem espontaneamente nos adultos, mas têm sua origem na infância. Desse modo, a sexualidade perversa, presente na vida de alguns indivíduos adultos, se identifica com a sexualidade infantil magnificada e decomposta em seus impulsos separados. Pode-se dizer então que em termos de desenvolvimento sexual o adulto perverso não é nada mais que uma criança.

Com efeito, as crianças possuem uma predisposição inata para as perversões e as praticam explicitamente. A masturbação, a ereção, o exibicionismo, e atividades similares ao sexo, não constituem processos excepcionais, mas fazem parte da normatividade da pulsão sexual na infância. E ao demonstrar que as atividades infantis são fontes de prazer e de autoerotismo, Freud derruba o antigo mito da inocência e da pureza das crianças: antes dos quatro anos a criança é uma criatura egoísta e cruel que se entrega a toda sorte de experiências sexuais. Sendo assim, a sexualidade infantil desconhece qualquer restrição moral e leva em consideração todos os objetos e todos os alvos sexuais imagináveis. Além do mais, a criança na condição de um *perverso polimorfo*, pode ser induzida, sob a influência da sedução de um adulto, a todas as transgressões possíveis; e pode ter gosto por todas as perversões retendo-as em sua atividade sexual[50]. Assim, para Freud, toda criança é um perverso polimorfo, ou seja, toda criança seria capaz de experimentar o prazer de múltiplas maneiras, em múltiplas áreas do corpo e com múltiplos objetos. Isso ocorre porque a sexualidade infantil não está necessariamente condicionada aos órgãos genitais, mas se restringe a uma pulsão parcial.[51]

Por demonstrar a existência da sexualidade infantil Freud acabou se afastando do paradigma da sexologia do seu tempo, segundo o qual, a sexualidade surgiria a partir da puberdade, e que teria por alvo a reprodução da espécie humana. No entanto, para Freud, a vida sexual não tem início apenas na puberdade, mas se origina logo após o nascimento [52]. Freud também estabelece a distinção entre os conceitos de sexual e de genital. O primeiro, mais abrangente, inclui todas as atividades que não se relacionam com os órgãos genitais, e o segundo diz respeito essencialmente à reprodução da espécie humana. Sendo assim, Freud estende o conceito de sexualidade a uma disposição psíquica universal, excluindo-a da finalidade reprodutiva.

Freud também demonstrou que desde a tenra infância existem sinais de atividade corporal de natureza sexual e que se acha conectada a fenômenos psíquicos que se manifestam posteriormente na forma das perversões.

Esses fenômenos se inscrevem no curso ordenado de desenvolvimento que atravessam um processo regular de aumento, culminando por volta do quinto ano de vida, após o qual se segue uma fase de abrandamento, conhecida como fase de latência. E depois do fim dessa fase a vida sexual avança mais uma vez com o surgimento da puberdade.[53]

Segundo Freud, a sexualidade humana divide-se em cinco fases distintas: *fase oral*; *fase anal*; *fase fálica*; *fase de latência*; e, finalmente, a *fase genital*. Sendo assim, na tipologia de Freud, em cada uma das fases pelas quais a criança passa, uma determinada região do corpo assume uma importância especial em virtude do prazer que propicia. Além do mais, a sexualidade representa uma evolução instintiva inata, e as várias fases da sexualidade humana, conforme veremos a seguir, se identificam com uma sequência biológica normal da natureza humana.

As primeiras aspirações da criança reportam-se à ingestão de alimentos. Em virtude disso, a sexualidade infantil tem início com a fase oral, a qual perdura do nascimento até cerca de 18 meses. Na fase oral a criança aprende que o chuchar o seio da mãe, ou o polegar, suscita muito prazer, apesar de não estar com fome. Com efeito, a presença da mãe é necessária para fornecer o leite, mas chuchar o polegar ou qualquer outra parte do corpo é prazeroso em si mesmo.[54]

Assim, o primeiro órgão a aparecer como zona erógena[55] e a fazer exigências libidinais ao aparelho psíquico é a boca. A princípio, toda a atividade psíquica se concentra em fornecer satisfação às necessidades dessa zona erógena. E é natural que a satisfação oral esteja a serviço da autopreservação, através da nutrição, porém, a fisiologia não deve ser identificada com a psicologia, porque a persistência do bebê em sugar corrobora a necessidade de satisfação, que apesar de se originar da

93

ingestão da nutrição, esforça-se por obter o prazer oral sem qualquer relação com a nutrição. A boca, portanto, constitui a primeira fonte de prazer para a criança. No entanto, a boca não é somente fonte de prazer, mas também de desprazer, pois a fome, a sede, e a negação de um desejo de chuchar, são exemplos de frustrações orais.

As pessoas psiquicamente normais atravessam as diversas fases da sexualidade até alcançarem a fase genital cuja função é organizar as pulsões parciais sob a égide dos órgãos genitais. Porém, em alguns casos este processo não é realizado de modo adequado, e as inibições em seu desenvolvimento manifestam-se como distúrbios na vida sexual adulta. E quando este fenômeno ocorre podem existir *fixações* da libido em fases anteriores da sexualidade. Freud emprega o termo fixação para descrever o que acontece quando o indivíduo não progride normalmente de uma fase para outra, mas permanece fixo numa determinada fase[56]. Assim, a fixação constitui o apego permanente da libido a uma fase inicial e mais primitiva do desenvolvimento da sexualidade. Tendo em vista a fixação na fase oral, algumas pessoas podem manifestar na vida adulta uma série de comportamentos, tais como, a bulimia e a anorexia; a ingestão imoderada de alimento em situações de ansiedade; a agressividade verbal; o sarcasmo; a baixa tolerância à frustração; e a preferência pelo sexo oral em detrimento do sexo genital[57]. Convém sublinhar que o uso da boca como órgão sexual é considerado como perversão quando os lábios de uma pessoa entram em contato com a genitália de outra.[58]

As crianças na fase anal, a qual dura em média dos 18 meses até aos 3 anos de idade, demonstram um interesse acentuado pela defecação e pelas fezes. As crianças consideram as fezes como um presente que pode ser concedido ou negado aos pais. As fezes são tratadas como parte do seu próprio corpo, e representam o primeiro "presente" das crianças aos pais. E ao desfazer-se das fezes as crianças podem expressar sua docilidade perante o meio que as cercam, e ao retê-la, sua aversão[59]. Além do mais, as crianças na fase anal comumente sentem enorme prazer em defecar e reter as fezes[60]. A retenção da massa fecal é intencionalmente praticada para tirar proveito da estimulação proveniente da masturbação anal. A estimulação masturbatória da região anal com a ajuda do dedo também é muito comum nas crianças mais velhas[61]. E uma vez que a fase anal é tão carregada de proibições e tabus, sobretudo em relação à higiene, propicia os primeiros conflitos entre o desejo da criança e o controle dos pais.

Os comportamentos dos adultos que estão ligados à fixação na fase anal são os seguintes: a compulsão por manter as coisas de maneira extremamente organizada; a obcessão por higiene e limpeza; e a tendência a acumular dinheiro, que representaria o desejo inconsciente de reter as fezes. A fixação anal também pode assumir a forma de teimosia, de rebeldia, de obstinação, e até de sadismo[62]. Com efeito, o sadismo se origina na fase anal, por isso essa fase também é chamada anal-sádica. Nessa fase as crianças estão desenvolvendo a dentição e, por concomitância, a capacidade de morder e de ferir. Elas também estão ficando fisicamente mais fortes e independentes. Por isso, durante a fase anal ocorrem ocasionalmente impulsos sádicos, juntamente com o aparecimento dos dentes. E sua abrangência é muito maior nessa fase por ser o sadismo a satisfação procurada na agressão e na função excretória.[63]

Na fase fálica, a qual tem início aos 3 e termina por volta dos 7 anos de idade, as crianças interessam-se muito pela diferença anatômica entre os sexos. No entanto, não é unicamente a curiosidade acerca da diferença entre os sexos que impulsiona as crianças, mas também o prazer sexual que a estimulação do órgão genital suscita. A estimulação das outras zonas erógenas, tais como a boca ou o ânus também suscita prazer, mas na fase fálica a obtenção do prazer oriundo do órgão genital possui a primazia. Ademais, na fase fálica a fantasia do contato genital com outra pessoa começa a aflorar.[64]

De acordo com a concepção canônica da psicanálise, o complexo de Édipo está ligado à fase fálica da sexualidade infantil, quando o menino começa a sentir sensações voluptuosas e, enamorado pela mãe, quer possuí-la sexualmente, colocando-se como adversário do pai, anteriormente admirado. Todavia, o complexo de Édipo desaparece com o surgimento do *complexo de castração*: o menino reconhece na figura do pai o empecilho à realização de seus desejos incestuosos, rejeita o investimento feito na mãe e evolui para uma identificação com o pai, a qual lhe permite posteriormente desligar-se da mãe.[65]

E, se o menino supera o complexo de Édipo através da angústia de castração, a menina ingressa nele pela descoberta da castração e pela inveja do pênis. Com efeito, as crianças de ambos os sexos formam a teoria de que a princípio a mulher também possuía um pênis, o qual foi perdido em virtude da castração. Assim, a suposição de uma genitália idêntica em todos os seres humanos constitui a primeira teoria sexual infantil. A menina ao visualizar os genitais do menino, com sua configuração diferente, é tomada pela inveja do pênis, que culmina no desejo de ser também um menino[66]. Assim, para Freud, a sexualidade da menina se organiza em torno do *falicismo*, isto é, a menina quer ser um menino, e o sentimento de inferioridade que a menina passa a sentir em relação ao menino deriva do fato de não ser dotada do órgão sexual masculino. Além do mais, no momento do complexo de Édipo, ela deseja possuir um filho do pai, e esse novo objeto é investido de um valor fálico.

A fixação na fase fálica descreve a criança que realiza a passagem da sexualidade autoerótica para a sexualidade interpessoal de modo imperfeito ou que não a realiza. A fixação na fase fálica pode se manifestar numa série de comportamentos: o indivíduo adulto pode abrir mão da sexualidade normal e adotar a masturbação como a maneira mais satisfatória de sexo; pode utilizar o pênis para dominar a agredir a companheira sexual; ou pode inclinar-se a desvalorizar as mulheres e jactar-se de sua superioridade masculina[67]. A menina com uma fixação fálica pode se transformar numa mulher com um sentimento de inferioridade em relação aos homens; pode acreditar que deve ser uma mulher passiva e submissa em relação a estes; pode se rebelar e assumir uma postura masculina, agressiva; pode menosprezar as mulheres, como os meninos com fixação fálica; pode também nutrir inconscientemente um ressentimento pela mãe, acreditando que esta é responsável por sua deficiência.[68]

A fase de latência tem início em torno dos 7 anos de idade e termina com o surgimento da puberdade. Na fase de latência o desenvolvimento sexual sofre uma breve interrupção, durante a qual desaparece a lembrança dos primeiros anos de vida da criança. Assim, a maioria das experiências e dos impulsos psíquicos vividos anteriormente ao estabelecimento da fase de latência mergulha na amnésia infantil. O complexo de Édipo entra em declínio, e através da educação moral são criadas as barreiras que procuram recalcar os desejos infantis indesejáveis. Assim, durante a fase de latência de maneira total ou parcial constroem-se as forças anímicas que, posteriormente, surgirão como barreiras no caminho da pulsão sexual e estreitarão esse curso à maneira de represas, como a aversão, o sentimento de vergonha, e os ideais estéticos e morais[69]. A fase de latência também é concomitante à etapa de escolarização da criança, na qual as pulsões são direcionadas para o convívio social e para as atividades escolares.

Com o advento da puberdade acontece uma série mudanças que conduzem a vida sexual infantil para sua configuração normal e definitiva. Até à puberdade a pulsão sexual é essencialmente autoerótica, mas depois a pulsão encontra o objeto sexual normal e definitivo. A princípio a pulsão sexual se limita a zonas erógenas distintas que independendo umas das outras, buscam certos tipos de prazer como alvo sexual exclusivo. Todavia, na puberdade, surge um novo alvo sexual para cuja consecução as pulsões parciais se unem, enquanto as zonas erógenas subordinam-se ao primado da zona genital[70]. Por isso, na puberdade a pulsão sexual coloca-se a serviço da função reprodutora, desvinculando-se do autoerotismo e tornando-se altruísta[71]. Pois, o que mais se destaca nos processos da puberdade é o crescimento manifesto da genitália externa, e o desenvolvimento efetivo dos genitais internos para que possam descarregar produtos sexuais, e criar um novo ser vivo.[72]

Ao atingirem a puberdade, as crianças ingressam no que Freud denominou de fase genital, na qual lhes é imposta a tarefa de superar definitivamente o complexo de Édipo. E a maneira como o complexo de Édipo é solucionado determinará em grande medida como o sujeito lidará posteriormente com a própria sexualidade. Desse modo, a tarefa de superar o complexo de Édipo impõe-se universalmente às pessoas, porém, em alguns casos sua realização não ocorre de maneira adequada, e isso pode gerar anormalidades na vida sexual, a exemplo das perversões. Conforme examinamos, a resolução do complexo de Édipo ocorrerá se os adolescentes romperem com o seu desejo erótico pelos pais e direcionarem a pulsão sexual para o alvo apropriado, em conformidade com a meta apropriada. Por isso, com o surgimento da puberdade o adolescente enfrenta o grande desafio que consiste em desligar-se dos pais, e somente depois de ter concluído essa tarefa que ele poderá fazer parte do mundo adulto. A tarefa do menino consiste em desligar da mãe seus desejos sexuais para direcioná-los num objeto estranho e, por conseguinte, reconciliar-se com o pai. O mesmo tem de ocorrer com a menina, a qual precisa realizar a ruptura de sua libido em relação ao pai, direcioná-la para um objeto estranho, e reconciliar-se com a mãe.

5

Neurose e psicose

Para a efetiva compreensão de uma *neurose* não basta um exame no corpo do paciente, mas é necessário um exame na história do seu psiquismo, isto é, em tudo o que ocorreu na vida psíquica do paciente, desde a sua infância até o presente. Com efeito, o mais relevante para a compreensão da neurose são as experiências passadas do neurótico, e não simplesmente o seu organismo. Isso posto, a neurose pode ser brevemente definida como uma desordem da personalidade, cuja etiologia ou causa é de natureza psíquica e não somática. No entanto, é evidente que Freud aceitava a hipótese de que muitas neuroses podem se originar de fatores orgânicos e, embora reconhecesse o papel desses fatores, o mais significativo para a formação das neuroses eram os fatores psíquicos.

Segundo Freud os sintomas neuróticos são frequentemente ações prejudiciais, ou pelo menos inúteis para a vida do sujeito que, por sua vez, deles se lamenta como sendo indesejados e causadores de sofrimento. O principal prejuízo que causam reside no desperdício de energia mental que acarretam, resultando num extraordinário empobrecimento da pessoa (no que tange à energia mental que permanece disponível), paralisando-a para as tarefas importantes da vida[73]. Não obstante, a patologia neurótica não impede alguém de possuir uma vida social mais ou menos adaptada, pois o que difere o sujeito normal do neurótico é mais uma questão de grau do que de natureza.[74]

Segundo Freud, a causa da neurose reside na ideia de conflito interno entre duas forças opostas que constituem o psiquismo. Dessa maneira, as causas de um sintoma neurótico são consideradas em termos de conflito psíquico entre duas forças pulsionais: de um lado residiriam as pulsões sexuais, derivadas do id, e de outro, as pulsões de autoconservação, derivadas do ego.[75]

Freud assevera que a formação das neuroses se relaciona com o recalcamento das pulsões do id, sobretudo, as pulsões sexuais. Assim, diante do conflito entre as pulsões sexuais e os princípios morais que foram inculcados pela educação, um deles acaba sobrepujando o outro. E, se porventura a educação moral vencer o conflito psíquico, os desejos censurados são deslocados para o inconsciente. No entanto, o desejo recalcado jamais desaparece, mas procura incessantemente se manifestar. A censura do ego resiste e não permite a manifestação completa da pulsão. Nesse caso, não podendo se manifestar completamente, e ao mesmo tempo não podendo continuar recalcado no inconsciente, a pulsão se manifesta sob a forma dos sintomas neuróticos. Por essa razão, os sintomas neuróticos podem ser compreendidos como uma espécie de acordo ou uma formação de compromisso: se as defesas do ego não podem controlar de maneira adequada as pulsões do id, então, ocorre uma espécie de síntese que expressa tanto os desejos derivados do id, como a reação de defesa do ego contra o perigo representado pelas pulsões.[76]

A seguir, analisaremos brevemente as três formas mais conhecidas da estrutura neurótica, quais sejam, a *neurose de angústia*, a *neurose obsessiva* e a *histeria*.

De acordo com Sigmund Freud existem dois tipos de neurose de angústia, quais sejam, a *fobia* e a *ansiedade expectante.*[77]

A ansiedade inerente a toda fobia é extremamente multiforme. Dentre as coisas que podem ser o objeto de uma fobia destacam-se as seguintes: escuridão, ar livre, espaços abertos, gatos, aranha, lagartas, cobras, ratos, trovoadas, pontas agudas, sangue, espaços fechados, multidões, solidão, atravessar pontes, viagens marítimas, viagens de trem, entre outras coisas. Todavia, as fobias não designam um medo qualquer, mas um medo injustificável, seja de algo concreto que não tenha nada de assustador, como um animal, a exemplo do menino Hans que tinha fobia de cavalos (*equinofobia*), ou de uma determinada situação, como os lugares abertos (*agorafobia*).

As pessoas que sofrem de uma neurose expectante sempre preveem as mais terríveis de todas as possibilidades, interpretam todos os eventos casuais como o presságio do mal e exploram todas as incertezas num sentido negativo, como a mulher que ao ouvir alguém bater à porta imagina que seja notícias da morte de alguém. Por certo, o sujeito que sofre da neurose de angústia no mais das vezes é afetado por uma grande ansiedade, gostaria de se libertar dessa condição, está cônscio de que sua ansiedade é logicamente injustificável, contudo, não consegue através do seu próprio esforço qualquer mudança. Além do mais, o quadro clínico da neurose de angústia envolve os seguintes sintomas: aumento da irritabilidade, que se manifesta pela hipersensibilidade ao ruído; ataques de tremores e calafrios; ataques de suor; espasmos no coração; dificuldade respiratória; fome exagerada etc.

Segundo Freud, a neurose obsessiva manifesta-se no fato de o sujeito se ocupar de pensamentos em que efetivamente não está interessado, de estar plenamente consciente de desejos dentro de si mesmo que lhe parecem inapropriados e de ser constrangido a comportamentos cuja realização não suscita nenhuma satisfação, porém, não lhe é possível resistir[78]. Além disso, Freud sustenta que ninguém deve supor que seja possível ajudar o paciente admoestando-o para que adote uma conduta diferente, deixe de ocupar-se de pensamentos absurdos e faça algo sensato ao invés de suas extravagâncias infantis. Na verdade, o próprio neurótico gostaria de uma mudança de vida, já que está perfeitamente lúcido e compartilha da opinião geral acerca de seus sintomas neuróticos, mas ele próprio é incapaz de ajudar-se a si mesmo.[79]

Com efeito, os pensamentos que dominam o neurótico obsessivo podem ser insignificantes, ou até mesmo absurdos, e invariavelmente constituem o início de uma intensa atividade mental que o esgota. Isso ocorre porque a neurose obsessiva impele o sujeito contra a sua vontade a remoer certos pensamentos como se fossem os mais fundamentais problemas de sua vida. Todavia, cabe frisar que os atos obsessivos são inofensivos e no mais das vezes são repetições, ou elaborações rituais das atividades da vida cotidiana, as quais se transformam em tarefas extremamente cansativas.

Freud nos fornece um caso clínico de neurose obsessiva através de uma paciente que alegava, como pretexto para suas obsessões, a necessidade de silêncio para dormir. Com este intuito, realizava uma série de atividades: parava o grande relógio em seu quarto, nem mesmo seu pequeno relógio de pulso era esquecido; vasos de flores eram agrupados na escrivaninha de modo que não pudessem cair e quebrar-se; exigia que a porta entre seu quarto e o quarto de seus pais devesse permanecer entreaberta; o travesseiro na parte superior da cama não deveria tocar o encosto de madeira da cabeceira; o travesseiro pequeno deveria repousar sobre o travesseiro grande; e o edredom deveria ser colocado sobre a cama, sacudido até que a parte inferior ficasse muito volumosa. A paciente, após ser questionada sobre os seus rituais, apelava simplesmente para o pretexto da necessidade de haver silêncio. No entanto, depois de efetuada a análise, Freud concluiu que a neurose obsessiva que dominava a mente da paciente formou-se do seu desejo incestuoso em relação a seu pai que fora recalcado, e que, por conseguinte, converteu-se nos sintomas neuróticos.[80]

O termo "histeria" deriva do grego *hystéra*, e faz alusão a uma suposta condição médica típica de mulheres, concebida pelo médico Hipócrates (460-370 a.C.) como uma doença do útero. Essa noção equivocada perdurou, com poucas modificações, até as descobertas de Charcot, o qual postulou que, para além das implicações orgânicas, as ideias possuem influência na origem, na manutenção e na eliminação dos sintomas histéricos.

De acordo com Freud, a histeria se origina de conflitos inconscientes e se manifesta basicamente através de sintomas corporais: ataques ou convulsões de aparência epilética; paralisias; coceiras; contraturas; cegueira; surdez; retenção urinária; afonia; vômitos psicogênicos; movimentos involuntários etc. Assim, para uma melhor compreensão da histeria, iremos examinar o caso de Dora[81] descrito por Freud no seu artigo intitulado *Fragmento da Análise de um Caso de Histeria* (1901).

Dora era uma moça de 18 anos que foi encaminhada para Freud por seu pai. Dora apresentava desde a infância alguns sintomas histéricos: aos sete anos apareceu o primeiro sintoma conversivo, uma enurese noturna (incontinência urinária), passando, ao longo dos anos, por dispneia (dificuldade respiratória), tosse nervosa, afonia, enxaquecas, depressão e insociabilidade histérica. Todos esses sintomas estavam ligados a um recalcamento sofrido por Dora. Na sua infância, ela teria se apaixonado por seu pai, acontecimento bastante comum nas crianças, denominado de complexo de Édipo. O desejo incestuoso (embora aceitável pela criança quando ainda é muito tenra) com o passar do tempo pode se transformar em culpa, uma vez que a criança começa a perceber que esse relacionamento não seria possível, nem socialmente aceito. Desse modo, com o intuito de proteger seu próprio ego, Dora recalcou o seu desejo incestuoso, tornando-o inconsciente. Esse desejo ficou adormecido por algum tempo, mas alguns fatos foram responsáveis por trazer esse material à baila.

Com efeito, um dos sintomas histéricos apresentados por Dora, como a tosse de que ela tanto se queixava, possuía uma estreita relação com o recalcamento do desejo incestuoso. Dora acreditava, por certas razões, que a relação sexual entre seu pai e a Sra. K, sua amante, era basicamente oral. Tendo esse desejo inconsciente por seu pai, ela se identificava com a amante dele e desejava estar em seu lugar. E conforme já examinamos, os sintomas neuróticos derivam de uma espécie de acordo entre as defesas do ego e as pulsões do id, de modo que a tosse de Dora era a maneira como o desejo pelo sexo oral e as proibições do ego se converteram no sintoma histérico.

Enfim, observa-se pelo caso de Dora a maneira pela qual os desejos recalcados se traduzem de forma disfarçada em sintomas corporais. Tais sintomas desapareceram quando Dora reconheceu, através da experiência psicanalítica, que a irritação da garganta se ligava a um desejo inconsciente de sucção do pênis através da identificação com a amante de seu pai.

A *psicose* é o que popularmente denomina-se "loucura", e diz respeito às formas mais acentuadas dos distúrbios da personalidade. A psicose caracteriza-se basicamente por uma modificação no sujeito de sua percepção concernente ao mundo real, pela inconsciência sobre sua própria condição psíquica e pela ausência de autodeterminação, a ponto de justificar o internamento dos doentes nos casos mais graves.

No entanto, para uma melhor compreensão da psicose convém compará-la com a neurose. A psicose e a neurose diferem fundamentalmente pelo fato de que na neurose o ego, que está a serviço da realidade, reprime uma parcela do id, enquanto que na psicose ele se deixa levar pelo id a se apartar de uma parcela significativa da realidade. Conforme já observado, o neurótico não perdeu completamente o contato com a realidade, pois ele sabe que seus medos, manias e obsessões são absurdos. Aliás, o neurótico busca a ajuda psicanalítica porque sabe que sofre, e através da associação livre, auxiliado pelo psicanalista, pode até alcançar a cura de sua neurose. Entretanto, um sujeito que sofre de uma psicose acredita que suas próprias representações fantasiosas se identificam com a realidade.

O psicótico, pelo fato de estar desconectado do princípio de realidade, não consegue perceber o disparate, de declarar ser Napoleão Bonaparte ou Jesus Cristo. Isso ocorre porque a psicose impede que o doente distinga o conteúdo que imagina do que acontece efetivamente na realidade. E é justamente essa confusão entre fantasia e realidade que implica na impossibilidade da cura da psicose através do método psicanalítico. A seguir, examinaremos as formas mais típicas de psicose, a saber, a *paranoia* e a *esquizofrenia*.

Em linhas gerais a paranoia pode ser compreendida como o transtorno psíquico que se manifesta pelos seguintes sintomas: delírios sistematizados crônicos; ideias exacerbadas de grandeza; mania de perseguição e culpa patológica. Além disso, a paranoia representa para o doente um esforço por vencer o desejo homossexual através de uma retração da sexualidade à etapa narcísica.

Sigmund Freud relata um caso de paranoia num dos seus pacientes: o paciente tinha uma atitude ambivalente em relação ao pai. Por um lado, era extremamente rebelde em oposição aos desejos e ideias do pai. Por outro, num nível inconsciente, era o mais submisso dos filhos, que depois do falecimento do pai rejeitou a si mesmo todo o gozo das mulheres devido a um forte sentimento de culpa. Suas relações reais com os homens eram claramente dominadas pela extrema suspeita; seu perspicaz intelecto raciocinava facilmente essa atitude e sabia como conseguir que amigos e conhecidos o enganassem e explorassem. E apesar das ideias persecutórias dominarem completamente sua mente, o paciente não as aceitava nesses termos, pelo contrário, ele as via sem importância e escarnecia delas. Pode-se dizer, pois, que o paranoico possui certo interesse no mundo exterior, mas procura explicar o que se passa nele através das suas próprias fantasias inconscientes.[82]

Complementarmente, convém frisar o caso de Daniel Paul Schreber (1842-1911), que foi um dos "casos clínicos" mais famosos de Freud, porém, este nunca teve um encontro pessoal com aquele. A análise sobre o caso foi publicado em *Notas psicanalíticas sobre um relato autobiográfico de um caso de paranoia* (1911), após a leitura do livro de Schreber chamado *Memórias de Schreber* (1903). Em suma, Schreber apresenta em sua obra um sistema delirante de uma pessoa perseguida, transformada em mulher e engravidada por Deus. Com base nisso Freud inferiu que a "revolta" contra Deus por parte de Schreber tinha uma ligação direta com o seu pai e com a sua homossexualidade recalcada.

A esquizofrenia constitui um transtorno psíquico mais severo que a paranoia. A esquizofrenia pode ser basicamente descrita pelos seguintes sintomas: alucinações visuais, sinestésicas e auditivas; delírios e discursos incompreensíveis. Com efeito, enquanto o paranoico regride ao narcisismo, o esquizofrênico regride ao autoerotismo, rompendo suas ligações com o mundo exterior de maneira mais radical. Assim sendo, a diferença fundamental entre a paranoia e a esquizofrenia reside na formação dos sintomas, que na paranoia se caracteriza pela *projeção* e na esquizofrenia pela *alucinação*[83]. O que caracteriza a projeção é a supressão de uma percepção interna e sua substituição por uma percepção externa, mas distorcida. A alucinação, por sua vez, se caracteriza pela regressão ao autoerotismo e pela satisfação alucinatória de desejos.[84]

6

A teoria das pulsões

Em termos gerais, pode-se definir a pulsão como a *carga energética* que se encontra na origem da atividade motora do organismo e do funcionamento inconsciente do ser humano. Em termos metapsicológicos, Freud a define como um *conceito-limite* que se encontra na fronteira entre o psíquico e o somático[85]. A pulsão seria então o representante psíquico dos estímulos que se originam dentro do organismo e atingem a mente. Ela representa a exigência somática (ou corporal) que é feita à mente, que move o aparelho psíquico no sentido de descarregar a tensão existente ao nível da fonte corporal[86]. Além disso, o aparelho psíquico possui a função de reduzir os estímulos geradores de desprazer, a fim de que a regulação do prazer possa ser estabelecida no psiquismo de forma constante. Por isso, a diminuição do desprazer e a restauração do prazer constitui a finalidade essencial do aparelho psíquico.[87]

Freud também enumerou e estabeleceu quatro características da pulsão, quais sejam, a *finalidade*, a *pressão*, o *objeto* e a *fonte*.

A finalidade de uma pulsão é sempre a experiência da satisfação, a qual é obtida através da neutralização do estímulo em sua fonte originária. É a busca de satisfação que desencadeia a pulsão em sua mobilidade. Isso ocorre porque a existência da pulsão implica na presença de uma perturbação no aparelho psíquico pelo fato de representar um estímulo constante e inalterável. Essa perturbação fomenta a sensação de desprazer, de modo que aspirar a satisfação implicaria na redução da intensidade pulsional. Assim, toda pulsão tende a chegar a uma finalidade, que é restabelecer um estado no qual deixa de subsistir uma determinada tensão desagradável, depois da obtenção de um prazer (cujo exemplo mais evidente é o do orgasmo genital).

Além da finalidade existe a pressão da pulsão, isto é, seu fator motor, a medida de exigência de trabalho que ela representa. É comum a todas as pulsões a característica de exercer a pressão. Esta constitui uma energia potencial, que é latente à pulsão, e que exerce sobre esta a sua força. Portanto, é mediante essa energia potencial que o aparato psíquico se movimenta.

O objeto é a coisa em relação à qual a pulsão é capaz de atingir a sua finalidade. Pode-se assegurar que o objeto é o que há de mais variável, volátil ou móvel na pulsão, e originariamente não depende dela. O objeto só está ligado à pulsão em consequência de sua potencialidade para tornar possível a satisfação. Por essa razão, o objeto da pulsão pode ser qualquer coisa que permita a descarga total ou parcial da mesma.

Por fim, existe a fonte da pulsão. Por fonte Freud entende o processo somático num órgão ou parte do corpo cujo estímulo é representado na vida mental por uma pulsão. Todavia, não é possível saber se esse processo biológico é de natureza química ou mecânica, por isso o estudo da fonte da pulsão deveria ser uma tarefa da biologia e não da pesquisa metapsicológica.[88]

Com efeito, a utilização da palavra "pulsão" parece ser uma tradução mais adequada do que "instinto" em referência à palavra alemã *trieb*. Isso ocorre porque Freud utiliza a palavra "instinto" (*instinkt*) quando se refere a um comportamento animal pré-formado, que é hereditário e característico de uma espécie[89]. A escolha da palavra "pulsão" para traduzir a palavra alemã *trieb* diz respeito à preocupação de evitar a confusão entre um instinto, que é sempre fixo, e uma tendência, que se caracteriza pela mobilidade. Nesse sentido, a fim de estabelecer a especificidade do psiquismo humano, Freud reservou o termo *instinkt* para qualificar os comportamentos pré-formados dos animais. O termo *trieb*, por sua vez, reporta-se à ideia de um impulso que existe desvinculado de uma orientação e de um objetivo, podendo até ser regulado pelo ego. É manifesto que a confusão em apreço não deve ser atribuída ao pai da psicanálise, mas a James Strachey (1887-1967), que ao traduzir as obras de Freud (do alemão para o inglês) com vistas à elaboração da *The Standard Edition of the Complete Psychological Works of Sigmund Freud* preferiu traduzir *trieb* pela palavra inglesa *instict*. Contudo, *instinct* seria a tradução mais adequada para a palavra alemã *instinkt* e não para *trieb*, cujo significado corrente se aproximaria muito mais de "impulso" do que de "instinto"[90].

Não obstante, é preciso sublinhar que na teoria psicanalítica inexiste a pulsão no singular, mas sim as "pulsões", as quais foram reunidas (na primeira teoria pulsional) em dois grupos distintos, a saber, a *pulsão sexual* e a pulsão de *autoconservação* (ou pulsão do ego). A primeira teoria das pulsões faz distinção entre a pulsão sexual, cuja manifestação dinâmica é denominada pelo termo "libido", e a pulsão do ego. Tal perspectiva surgiu a partir de duas descobertas básicas obtidas diretamente da experiência clínica: a descoberta da função desempenhada pelo recalcamento na patologia das neuroses; e a descoberta de que a satisfação sexual se opõe ao ideal moral e estético do ego. A ocasião para a elaboração do dualismo em consideração teria surgido no decurso da evolução da psicanálise, que foi empregada pela primeira vez nas psiconeuroses, ou, mais precisamente, no grupo descrito como "neuroses de transferência". Estas revelaram que, na raiz de todos os distúrbios neuróticos, se encontra um conflito entre as exigências da sexualidade e as do ego. Aliás, quando Freud propôs a distinção entre os dois grupos de pulsões já mencionados, ele deixou explícito que sua teoria consiste numa simples hipótese de trabalho, a qual deve ser conservada apenas enquanto se manter útil, de modo que fará pouca diferença aos resultados do trabalho psicanalítico de descrição e classificação se for substituída por outra.[91]

Seguindo este princípio metodológico, Freud propõe na sua obra *Além do princípio de prazer* (1920) uma segunda teoria das pulsões. A propósito, *Além do princípio de prazer* é o texto em que Freud mais aproxima a metapsicologia da metafísica e onde ele se mostra mais livre, ousado e especulativo. O objeto de sua especulação é a vida e a morte, e as referências feitas pelo pai da psicanálise vão desde os mais antigos *Upanixades* até as mais recentes teorias biológicas, passando por Empédocles (495-435 a.C.), Platão, Goethe (1749-1832) e Schopenhauer. Pode-se assegurar que é o texto em que Freud mais se aproxima de seu sonho de fazer filosofia[92]. À vista disso, sua nova concepção foi objeto de muitas críticas e até mesmo Freud não a aceitou como definitiva, uma vez que a considera uma elaboração teórica passível de ser modificada ou substituída a qualquer momento por outra. Enfim, sua nova teoria pulsional não consiste numa tentativa de descrição de forças pulsionais, mas pode ser considerada uma abstração um tanto ou quanto filosófica.

Na obra em apreço, a teoria das pulsões ainda é concebida sob uma perspectiva dualista, onde a pulsão sexual e a pulsão de autoconservação são unificadas sob a denominação de "pulsão de vida", em contraposição à "pulsão de morte". Depois de abandonar a primeira teoria pulsional, Freud decidiu presumir a existência de apenas duas pulsões básicas: *Eros* e *pulsão destrutiva*. O objetivo da primeira dessas pulsões primordiais é estabelecer unidades cada vez maiores e assim preservá-las. O seu objetivo é unir, ao passo que o objetivo da segunda consiste em desfazer conexões e, desse modo, destruir as coisas. No caso da pulsão destrutiva, o seu objetivo final é levar o que é vivo a um estado inorgânico. Por isso, também recebe o nome de pulsão de morte. E se de fato as coisas vivas apareceram mais tarde que as inanimadas e delas se originaram, então, a pulsão de morte se ajustaria à fórmula que postula que as pulsões tendem a retornar a um estado anterior[93]. Enfim, a pulsão de vida é uma força unificadora e integradora, enquanto que a pulsão de morte é uma força desintegradora, porque tem por finalidade a dissolução das unidades.

Todavia, é pertinente considerarmos a perspectiva de Dimitri Afgoustidis sobre as três acepções que definem a pulsão de morte. Apoiado na teoria de Pierre Kaufmann (1916-1995), ele aventa que existem três situações distintas nas quais a pulsão de morte pode manifestar-se. Os termos "pulsão destrutiva" e "pulsão agressiva" (que frequentemente aparecem no texto freudiano) indicariam as incidências da pulsão de morte no âmbito da cultura. A pulsão destrutiva em seu modo de expressão individual designa as tendências à aniquilação de si mesmo ou de um objeto, ao passo que a pulsão agressiva é menos explícita e visa o controle ou domínio do outro. Em sua acepção biológica mais geral, a pulsão de morte consistiria na energia que leva o organismo a voltar ao inanimado, isto é, a tendência de equalização das tensões.[94]

Partindo de especulações sobre o começo da vida e de paralelos biológicos, Freud concluiu que deveria haver, além da pulsão para conservar a substância vivente e juntá-la em unidades cada vez maiores, uma outra, a ela contrária, que busca dissolver essas unidades e conduzi-las ao estado primordial inorgânico. Ou seja, ao lado e Eros existe uma pulsão de morte. Ele ainda supõe que uma parte da pulsão de morte se volta contra o mundo externo e depois se manifesta como agressão e destruição. Isso posto, Freud aventa que o pendor à agressão é uma disposição original e autônoma no ser humano (uma tendência inata para o mal, para a agressão, para a destruição e para a crueldade), de modo que a civilização teria nisso o seu mais poderoso obstáculo.[95]

Todavia, as duas pulsões primordiais do ser humano não somente operam uma contra a outra, mas mutuamente se combinam. O ato de comer consiste na destruição do objeto com a finalidade de incorporá-lo, e o ato sexual é um ato de agressão com o objetivo da mais íntima união. Desse modo, a ação concorrente e mutuamente oposta da pulsão de vida e de morte origina uma série de fenômenos da vida, de modo que as modificações nas proporções da fusão entre elas apresentam os resultados mais tangíveis: um excesso de agressividade sexual transformará um amante num criminoso sexual, ao passo que uma redução no fator agressivo o transformará num indivíduo impotente[96]. Aliás, o sadismo é a perversão que se manifesta a partir do desenvolvimento do componente agressivo da pulsão sexual, o qual se tornou independente e exacerbado.

Foi com base na observação da *compulsão à repetição* que Freud teorizou sobre aquilo que denominou pulsão de morte. Tal compulsão leva o indivíduo a se colocar repetitivamente em situações de sofrimento, as quais constituem repetições de experiências passadas, o que negaria a hipótese de que o aparelho psíquico é regido unicamente pelo *princípio de prazer*. Os soldados que sofriam de uma "neurose de guerra" tinham um tipo de sonho distinto do que fora estudado por Freud no início da psicanálise, pois em seus sonhos os soldados tendiam a reviver uma situação traumática. À vista disso, Freud duvidou que os sonhos desagradáveis pudessem se referir exclusivamente a uma realização de desejos recalcados, o que o levou a questionar a teoria de que a finalidade dominante no psiquismo é a obtenção de prazer. Parecia também existir uma tendência para repetir situações dolorosas anteriores. E se a compulsão à repetição constitui realmente o aspecto assumido pelo retorno de um desejo recalcado, seria insustentável que este obedecesse exclusivamente ao princípio de prazer. Em virtude disso, Freud foi impelido a desenvolver o que ele mesmo reconheceu ser uma especulação, e uma especulação que jamais abandonou. Assim, a compulsão à repetição levou Freud a defender a hipótese de uma tendência natural para um retorno ao estado anterior à vida, que derivaria de uma força inata no interior do ser humano.

Embora uma criança seja educada desde a tenra idade num ambiente sereno e pacífico ela teria de forma inata no seu interior uma força gravemente destrutiva, constituindo uma ameaça constante que precisaria ser rigorosamente controlada. Por essa razão, o ser humano não pode ser concebido como uma criatura naturalmente boa, que procura manter relações pacíficas e desinteressadas com os seus semelhantes. E se porventura o faz é só para satisfazer suas necessidades pulsionais, as quais são sempre egoístas. Nesse sentido, Freud sustenta a convicção na existência da maldade na constituição psíquica do ser humano cujas pulsões são muito poderosas, e possuem em si uma força destruidora que ameaça a segurança e a existência da civilização.

Para Freud, a civilização é um processo que se desenrola na humanidade e está a serviço de Eros, por isso ela procura juntar indivíduos isolados, famílias, depois etnias, povos e nações numa grande unidade. Tais multidões humanas são ligadas libidinalmente entre si, porque somente a necessidade ou as vantagens do trabalho em comum não as manterão juntas. Todavia, a esse programa da civilização se opõe a inclinação natural de agressão presente nos seres humanos, a hostilidade de um contra todos e de todos contra um. E essa luta constitui o conteúdo essencial da vida, de modo que a evolução cultural pode ser compreendida como o conflito vital da espécie humana[97]. Desse modo, o homem civilizado não está livre de cair novamente na barbárie generalizada, mas isso não significa que a civilização deva abandonar por um absoluto pessimismo o esforço pacifista.

A segunda teoria das pulsões foi exposta e reafirmada por Freud numa carta que foi endereçada ao eminente físico Albert Einstein (1879-1955). No ano de 1931 o *Instituto Internacional para a Cooperação Intelectual* foi orientado pelo *Comitê Permanente para a Literatura e as Artes* da Liga das Nações a realizar um intercâmbio de correspondências entre importantes intelectuais da época sobre assuntos destinados a servir aos interesses tanto da Liga das Nações como dos intelectuais em geral. Quando Albert Einstein foi convidado a participar do projeto sugeriu imediatamente o nome de Sigmund Freud. Assim, em junho de 1932 o secretário do instituto em apreço escreveu para Freud e o convidou a participar da comunicação com Einstein, e aquele aceitou prontamente o convite. A carta de Einstein intitulada *Por que a guerra?* foi escrita em 30 de junho e chegou até Freud no início de agosto, e no mês de setembro sua resposta já estava concluída[98]. Dentre os questionamentos feitos por Einstein a Freud, um deles merece destaque: "é possível controlar a evolução da mente do homem, de modo a torná-lo à prova das psicoses do ódio e da destrutividade?"[99]. Em outras palavras, Einstein desejava saber do pai da psicanálise se em termos psicológicos será possível à humanidade superar definitivamente o absurdo e a irracionalidade da guerra.

Em resposta ao famoso físico, Freud assegura, entre outras coisas, que as pulsões inerentes ao gênero humano são de duas espécies: a pulsão que tende a conservar e a unir; e a pulsão que tende a destruir e a matar. Todavia, ambas as pulsões são igualmente importantes, pois os fenômenos da vida dependem do seu concurso e da sua oposição. À vista disso, a pulsão de um tipo quase nunca pode agir de modo isolado porque está sempre ligada a certa acumulação da contraparte, que modifica a sua meta, ou subordina a chegada dessa última a determinadas condições.[100]

A pulsão cuja tendência consiste em conservar e unir é de natureza sexual, mas isso não significa que não deva recorrer à agressividade para atingir a sua finalidade. A pulsão sexual, voltada para os objetos, necessita de certa quantidade de pulsão agressiva se de fato deseja tomar posse daqueles. Toda pulsão sexual comporta uma quantidade de agressividade e vice-versa. Portanto, é muito incomum que determinada ação seja obra do movimento de uma única pulsão, porque amiúde a ação humana é movida pela combinação de *Eros* e *Thanatos*.[101]

Freud também sustenta que quando os seres humanos são incitados à guerra, mormente são despertados neles uma série de motivos nobres. E quando se ouve falar das crueldades da história têm-se a impressão de que os mais nobres ideais serviram de pretexto aos desejos de destruição. E, tendo em vista as atrocidades praticadas pela Igreja Católica no período da Inquisição é como se os motivos religiosos tivessem assomado a um primeiro plano na consciência, enquanto que os destrutivos lhes emprestassem um reforço inconsciente.[102]

Para Freud, a pulsão destrutiva está presente no interior de todo ser humano e o seu escopo é reconduzir a vida à condição de matéria inanimada. Nesse sentido, uma parte dessa pulsão pode voltar-se contra o próprio indivíduo, ou pode se transformar em ações destrutivas quando, com o auxílio de determinados instrumentos, se volta contra os objetos exteriores. Por isso, Freud também acha conveniente atribuir a essa pulsão a denominação de pulsão de morte, ao passo que a pulsão sexual representaria os esforços em direção à vida. Disso conclui-se que seria inútil toda a tentativa de eliminar definitivamente as inclinações agressivas dos homens.[103]

Com esse posicionamento, Freud já oferece uma resposta ao questionamento de Einstein, mas sua resposta é um tanto ou quanto negativa, ou seja, na visão psicanalítica não seria possível "controlar a evolução da mente do homem, de modo a torná-lo à prova das psicoses do ódio e da destrutividade". Nesse sentido, evidencia-se certo pessimismo no pensamento de Freud acerca do destino da humanidade, porque as ações destrutivas e cruéis que afetam a civilização não seriam apenas fenômenos efêmeros destinados à superação no futuro, mas são acontecimentos inexoráveis e inextirpáveis.

7

Os mecanismos de defesa do ego

No que tange ao problema crucial da adaptação da personalidade humana à realidade, a psicanálise freudiana enfatiza a importância do controle consciente das pulsões que procedem do id. Pois, tendo em vista a impetuosidade das pulsões e a necessidade da satisfação regrada e do controle racional delas, é inevitável a frustração das mesmas. Na verdade, existem no interior do ser humano impulsos fortíssimos que exigem uma satisfação imediata. Entretanto, em oposição a estes impulsos primordiais, existe a realidade exterior que ameaça constantemente de punição a tentativa de satisfazê-los. As pulsões se originam do id, e o ego constitui a instância psíquica encarregada de administrar os conflitos entre o id, o mundo exterior e o superego. E, ao mesmo tempo em que o ego tenciona preservar o sujeito do perigo, procura uma satisfação parcial para as pulsões.

Sigmund Freud nos *Artigos Sobre Metapsicologia* (1915) designou de "mecanismos de defesa" todas as tentativas do ego de solucionar os conflitos inerentes ao aparelho psíquico[104]. Os mecanismos de defesa têm por finalidade neutralizar qualquer manifestação capaz de colocar em perigo a integridade do ego, e isso é realizado, amiúde, através da manipulação inconsciente da percepção. Por essa razão, os mecanismos de defesa são processos inconscientes que permitem ao indivíduo encontrar uma solução para os conflitos não resolvidos no nível da consciência, aliviando o ego do estado de tensão psíquica entre as pulsões do id, a ameaça do superego, e as fortes pressões que derivam da realidade externa.

As pulsões constituem o reservatório das energias biológicas do ser humano, porém, a expressão irrestrita dessas energias revela-se incompatível com a vida em sociedade. Por isso, todas as civilizações, em variados níveis, empregaram em suas organizações sociais mecanismos para recalcar as pulsões. À vista disso, dentre todos os mecanismos de defesa empregados pelo ego o *recalcamento* (*verdrängung*) é considerado a mais fundamental. A palavra alemã "verdrängung" pode ser traduzida tanto por "recalcamento" como por "repressão". Todavia, os termos em apreço não devem ser considerados sinônimos. O termo "repressão" é empregado normalmente para designar uma operação psíquica que tende a suprimir conscientemente uma ideia ou um afeto cujo conteúdo é desagradável. Essa operação mental e a palavra que a designa não devem ser confundidas com o recalcamento, o qual decorre de um mecanismo de defesa inconsciente.

Enquanto mecanismo de defesa do ego, o recalcamento consiste essencialmente na exclusão de um impulso ou de um sentimento socialmente reprovável do registro da consciência. Assim, o recalcamento designa o processo psíquico que visa manter no inconsciente todas as ideias ou representações proibidas ligadas às pulsões sexuais e agressivas cuja realização comprometeria o equilíbrio do funcionamento psíquico do ser humano, transformando-se em fonte de sofrimento.

No entanto, este processo não ocorre de uma vez por todas, pois o recalcamento demanda um contínuo dispêndio de energia psíquica. Com efeito, o que é reprimido exerce um esforço contínuo em direção da consciência, de modo que o equilíbrio psíquico só pode ser mantido através de uma constante contrapressão.[105]

Os desejos humanos, tanto para o indivíduo, quanto para as pessoas que o cercam, são frequentemente destrutivos, por isso, precisam ser recalcados. Os desejos incestuosos, os impulsos sexuais violentos, os ímpetos de agressividade, o sentimento de ódio, e até mesmo a vontade de matar os seus pares, transformariam o ser humano numa criatura socialmente intolerável. Em virtude disso, a coexistência em sociedade obriga os indivíduos a recalcar grande parte dos seus desejos.

Tendo em vista a necessidade do recalcamento na vida humana, Michael Kahn afirma que o desejo erótico por uma pessoa proibida é algo perigoso. Se a pessoa que é desejada é um progenitor ou filho ou irmão, ou tal vez (se me defino como heterossexual) uma pessoa do mesmo sexo, ter a consciência desse desejo colocaria o sujeito em risco de sentir dolorosos sentimentos de culpa. Caso ele revelasse o seu desejo, incorreria em novo risco, o de ser humilhado ou punido. E se ele tem consciência do impulso e consegue mantê-lo inteiramente oculto, precisa lidar não apenas com a culpa, mas também com a frustração de uma forte necessidade que nunca poderá ser satisfeita. É manifesto, pois, que para ele é uma vantagem não ter consciência do seu desejo.[106]

Além do mais, se os desejos proibidos provenientes do id fossem efetivamente realizados haveria duas consequências: a ofensiva imediata do superego através do sentimento de culpa, e a ofensiva do mundo exterior. Por essa razão, o ego é compelido a recalcar os desejos proibidos, conservando-os longe da consciência, isto é, no inconsciente, e ao proceder assim, protege-se do sofrimento psíquico. Pode-se assegurar então que um mecanismo de defesa constitui uma manipulação da percepção cujo intuito é basicamente preservar o indivíduo do sofrimento. Contudo, a essência do processo de recalcamento não está em destruir a ideia que representa uma pulsão, mas em impedir que se torne consciente. E quando este processo é bem sucedido a ideia que representa determinada pulsão se encontra num estado inconsciente.[107]

Não obstante, o recalcamento ser o destino mais comum das pulsões que emanam do id constitui o mecanismo de defesa mais propenso para causar os sintomas neuróticos. Mas, quando é utilizado sem excesso faz parte da vida psíquica normal. Para Freud, os mecanismos de defesa são universais, isto é, todas as pessoas em menor ou maior grau se utilizam deles, e são vitais para a existência de um ego maduro, sadio e integrado. Porém, o seu uso excessivo, a exemplo do recalcamento, pode ocasionar uma série de sintomas neuróticos. A existência de um sintoma neurótico tem por pressuposto que algum processo mental não foi realizado adequadamente.[108]

Normalmente existe uma forte oposição contra o avanço dos conteúdos inconscientes em direção à consciência, razão pela qual estes conteúdos são recalcados; e por serem inconscientes possuem o poder para fomentar os sintomas neuróticos. Sendo assim, o recalcamento (quando excessivo) é a precondição para a formação das neuroses. Convém também sublinhar que durante o tratamento analítico ocorre uma forte oposição contra o esforço de conduzir os conteúdos inconscientes para a consciência, e este fenômeno é chamado por Freud de *resistência*[109].

A *formação reativa* consiste no mecanismo de defesa através do qual alguns indivíduos se protegem do sofrimento psíquico manipulando uma percepção interna. A formação reativa significa basicamente a percepção equivocada de determinado sentimento como sendo o seu oposto. É o mecanismo através do qual uma de duas atitudes antagônicas torna-se inconsciente, permanecendo a outra, frequentemente, de maneira exagerada. Isso ocorre porque a atitude reprimida pelo ego é socialmente rejeitada, enquanto que a atitude exagerada é altamente respeitada. Através da formação reativa *o indivíduo* manifesta comportamentos e sentimentos que são diametralmente antagônicos ao verdadeiro desejo. É a inversão da verdadeira intenção que é expulsa da consciência. Sendo assim, a formação reativa é o mecanismo de defesa que assegura o equilíbrio da personalidade através do desenvolvimento de atitudes exatamente opostas às tendências inconscientes reprimidas, permitindo à energia reprimida encontrar um alívio, ao mesmo tempo em que o impulso original tende a desaparecer, o recalcamento é reforçado, e a ansiedade atenuada.

Certos indivíduos podem demonstrar grande afeição por seus semelhantes, mas essa atitude pode ser a manifestação de uma formação reativa empregada para se defender de impulsos hostis inconscientes. Pois sem a formação reativa o sujeito poderia tornar-se extremamente hostil e cruel e, por conseguinte, colocar em risco a integridade do próprio ego. O ego de certos indivíduos, em virtude de valores morais ou princípios religiosos, não pode tolerar o racismo contra negros, mas se os mesmos indivíduos inconscientemente sustentam o contrário, ocorrerá um conflito entre o sentimento inconsciente ligado ao racismo e a obrigação moral consciente que os constrangem a respeitar as pessoas negras. E o resultado desse conflito poderá culminar numa formação reativa: um indivíduo profundamente racista poderá inverter o seu sentimento deplorável no seu oposto e se engajar na luta em favor dos direitos das populações negras, e coisas desse jaez, mas no profundo do seu inconsciente ainda será um racista.

O mesmo pode ocorrer em relação aos indivíduos extremamente moralistas, porquanto uma pessoa assaz rigorosa em relação à moral pode estar ocultando desejos contrários àqueles que manifesta exteriormente. Na verdade, a formação reativa constitui o mais frágil dos mecanismos de defesa, porque é constantemente ameaçado pela pulsão que está à espreita no inconsciente. Portanto, na formação reativa há sempre o perigo de ocorrer o retorno do desejo reprimido à consciência.

O psicanalista Pierre Daco provê um caso muito ilustrativo de formação reativa manifesto no relacionamento de uma moça com sua mãe[110]. A moça era incapaz de abandonar a mãe por mais de 30 minutos porque a ideia de separação da mãe suscitava-lhe uma angústia intolerável. Em decorrência disso o seu comportamento em relação à mãe era exageradamente gentil. À primeira vista seria plausível cogitar que a moça em consideração ficou apegada à mãe simplesmente por um excesso de amor. Todavia, a mãe era muito opressora e culpava a filha por tudo de errado que ocorria em sua vida, por isso, seria natural que a agressividade se manifestasse na atitude da filha em relação à mãe, mas se a agressividade se manifestasse representaria uma ameaça para a integridade do ego. Na realidade, a moça desejava inconscientemente a morte da mãe, mas como este sentimento suscitaria muito sofrimento psíquico, caso tivesse acesso à consciência, ela encobria sua hostilidade inconsciente por detrás do excesso de gentileza.

O mecanismo de defesa chamado *deslocamento* ocorre quando uma pulsão é inconscientemente deslocada de um objeto original para um objeto substituto. Assim, o objeto é modificado, mas a finalidade permanece sem alteração[111]. Por exemplo, o indivíduo que foi ofendido pelo seu chefe, não podendo se vingar do mesmo opta por deslocar a sua ira para o seu cachorro, chutando-o. O deslocamento, portanto, reporta-se à transferência inconsciente de uma carga afetiva para objetos, pessoas, e situações distantes.

É possível constatar um caso de deslocamento na vida do paciente de Freud conhecido como pequeno Hans[112]. A análise propriamente dita do pequeno Hans desenrolou-se durante o primeiro semestre do ano de 1908, com a autorização do pai do menino, cujo relato foi publicado em *Análise de uma fobia em um menino de cinco anos* (1909).

O pequeno Hans após os três anos idade se dedicou a investigar o seu próprio órgão sexual. Essa investigação é natural porque na fase fálica (a qual tem início aos 3 e termina por volta dos 7 anos de idade) as crianças interessam-se muitíssimo pela diferença anatômica entre os sexos. Hans também comparava o tamanho do seu órgão sexual com o de outros animais; e procurava observar o órgão genital de sua mãe, assim como de outras crianças. Hans ainda gostava de ser observado quando estava urinando, porém, mais tarde começou a se sentir envergonhado por esse comportamento o que significa que seu exibicionismo cedeu a um recalcamento. Hans frequentemente dormia na cama com os pais, fato este que contribuiu para intensificação do amor edipiano pela mãe e fomentou a hostilidade para com o pai. Conforme verificamos, o complexo de Édipo está ligado à fase fálica da sexualidade infantil, quando o menino começa a sentir sensações lascivas e, enamorado pela mãe, deseja possuí-la sexualmente, colocando-se como rival do pai. Entretanto, o complexo de Édipo desaparece com o surgimento do complexo de castração, pois o menino reconhece na figura do pai o empecilho à realização de seus desejos incestuosos, renuncia o investimento feito na mãe e caminha para uma identificação com o pai. O complexo de castração diz respeito ao medo inconsciente da perda do pênis que normalmente surge durante a fase fálica do desenvolvimento da sexualidade. Certa vez Hans foi surpreendido pela mãe quando se entregava a manipular o pênis. E a ameaça feita por esta, de mandar que lhe cortassem o órgão genital se ele continuasse a se dedicar àquele tipo de atividade fez com que ele adquirisse o complexo de castração.

Com efeito, o desejo incestuoso pela mãe fez com que o pequeno Hans desejasse que seu pai caísse e morresse como ocorrera certa vez com um cavalo, mas ao mesmo tempo sentia culpa pela hostilidade para com o pai. Assim, o desejo incestuoso reprimido se transformou em ansiedade que foi deslocada para a fobia de cavalos (*equinofobia*) e a hostilidade para com o pai em seguida se transformou no temor do cavalo mordê-lo, que representava inconscientemente a angústia de castração. O surgimento da equinofobia datava do incidente real do cavalo caído porque Hans experimentara, naquele instante, o desejo de que seu pai caísse e morresse, o que possibilitaria a posse exclusiva da mãe. Portanto, o menino Hans não podendo aceitar conscientemente a representação intolerável de desejar a morte do próprio pai, o ego procurou solucionar o conflito psíquico deslocando os sentimentos proibitivos para os cavalos. Assim, os impulsos agressivos e os temores, originalmente dirigidos ao pai, foram deslocados para os cavalos e por este motivo o pequeno Hans os temia tanto.

O deslocamento é particularmente ativo na *neurose de angústia*, pois nessa estrutura neurótica, uma tensão interna geral, que toma a forma de angústia se une com algum objeto ou alguma situação particular, que simboliza o conflito neurótico. Por isso, o neurótico julga que, evitando certos objetos ou situações, desvia os impulsos internos perigosos dos quais tem medo. E, com o deslocamento pode desenvolver fobias pelos animais ou por qualquer outro objeto ou situação. A propósito, o objeto ou a situação escolhidos de maneira inconsciente para o deslocamento são determinados pela personalidade do indivíduo, pela sua história de vida, ou ainda pela natureza da pulsão que se quer desviar.

Sigmund Freud menciona outro caso de deslocamento com base no tratamento de uma de suas pacientes: uma senhora casada que sofria de um *delírio de ciúme* em relação a seu marido[113]. A senhora em consideração vivia no campo e possuía um casamento muito feliz com o seu marido, o qual dirigia uma grande fábrica. Ela nunca experimentou no casamento nenhum motivo para ter ciúmes. Certa vez ela recebeu uma carta anônima que acusava seu marido de ter um relacionamento sexual com uma jovem, e a partir de então, a felicidade do seu casamento desaparecera. A senhora tinha uma empregada com a qual discutia intimidades. Essa empregada perseguia outra empregada com uma hostilidade cruel porque essa última, apesar de ter uma origem modesta, adquiriu um relativo sucesso profissional na mesma fábrica onde o marido da senhora possuía um importante cargo de liderança. Certo dia a senhora conversou com a empregada hostil sobre um velho cavalheiro que ali estivera em visita, do qual se sabia que era casado e tinha um caso com outra mulher. E, de repente a senhora declara para a empregada que seria a pior coisa do mundo descobrir que seu marido tem um caso.

No dia seguinte recebeu pelo correio uma carta dizendo que seu marido estava tendo um caso justamente com a empregada da fábrica perseguida pela outra empregada. Prontamente a senhora concluiu que a carta havia sido obra da empregada má. Embora tivesse percebido a intriga entre as empregadas a carta o abatera profundamente, por isso, mandou chamar o marido com o intuito de fazer as censuras mais veementes. A paciente de Freud não tinha nenhum motivo para acreditar que seu esposo em algum momento de sua vida foi infiel. A senhora deveria dizer a si mesma que não havia razão alguma para sentir ciúme, mas sofre assim mesmo, como se o ciúme fosse plenamente justificado.

De acordo com a análise de Freud foi a própria paciente que provocou a carta anônima que sustentava seu ciúme exagerado, uma vez que dias antes, revelara à empregada que se porventura o marido tivesse um caso de amor com uma jovem moça causaria a maior infelicidade de sua vida. Desse modo, a senhora sugeriu à empregada a ideia de enviar-lhe a carta anônima. Mas, porque a senhora insistiu em sustentar o ciúme doentio em relação ao seu marido mesmo sabendo de sua inquestionável fidelidade?

De acordo com Freud a explicação do delírio de ciúme se conecta diretamente com a paixão inconsciente que a senhora mantinha por seu genro. Ela nada sabia dessa paixão, e no relacionamento de família que existia entre os dois, essa paixão facilmente era disfarçada por uma amabilidade inocente. Com efeito, a senhora não poderia jamais tornar consciente o seu desejo proibido, por isso, o desejo permaneceu existindo no seu inconsciente, e por se tratar de um sentimento monstruoso e impossível de realizar, não poderia ter acesso à consciência. Não obstante, algo teria de ser feito para descarregar a tensão psíquica, e a solução mais fácil surgiu através do mecanismo de defesa ligado ao deslocamento, que desempenhou o seu papel na produção do delírio de ciúme. Desse modo, se não apenas a senhora de mais idade estivesse apaixonada por um jovem, mas também seu velho marido estivesse tendo um caso amoroso com uma moça, isso a livraria da pressão que a infidelidade exercia sobre sua consciência. Por essa razão, a fantasia da infidelidade do marido agiu como um alívio sobre o seu sofrimento psíquico.

Além do mais, existe outra manifestação do mecanismo de defesa relacionado ao deslocamento, chamado por Freud de *retorno em direção ao próprio ego do indivíduo*[114]. Em conformidade com este mecanismo alguém poderia interiorizar o ódio contra determinada pessoa, mas não podendo manifestar publicamente tal sentimento, desloca-o para o seu próprio ego. O mecanismo de defesa em apreço ocorre quando as medidas de recalcamento falham, pois se um desejo hostil direcionado para um objeto amado não puder ser reprimido, sendo inaceitável para o ego, é possível que o desejo hostil seja deslocado para o ego na forma de torturas, de autoacusações, de sentimentos de inferioridade, de autossabotagem, de depressões etc. Desse modo, para evitar o sofrimento psíquico o desejo hostil é transferido de um objeto para outro, e a razão dessa modificação objetal é a culpa criada pela hostilidade em relação à pessoa amada.

No ano de 1905, na obra *Três Ensaios sobre a Teoria da Sexualidade*, Freud elaborou sua primeira definição do mecanismo de defesa chamado *sublimação*. Depois disso, em todas as obras subsequentes a sublimação serviu para compreender o fenômeno da criação artística e intelectual. Com efeito, a sublimação é frequentemente considerada como o mais eficiente mecanismo de defesa contra as pulsões que provêm do id. A sublimação descreve as atividades humanas que aparentemente não possuem nenhuma relação com a sexualidade, mas que extrai sua energia da pulsão sexual, uma vez que se desloca para um objeto não sexual. Portanto, a sublimação propicia ao indivíduo a possibilidade de atingir certo grau de satisfação sexual de uma maneira socialmente aceitável, por isso, constitui o melhor meio para a descarga pulsional.

A sublimação de uma pulsão implica que esta pode satisfazer-se com os objetos de substituição, e também que uma satisfação imaginária ou simbólica pode se igualar com uma satisfação real. Assim, o resultado da sublimação é o desvio da energia sexual de suas metas originais e sua canalização em realizações culturais, ou em realizações individuais que são socialmente úteis e apreciáveis. O processo de sublimação coloca as metas sociais acima das metas sexuais porque estas, conforme examinamos, são essencialmente egoístas [115]. Portanto, a sublimação constitui o meio mais eficaz para reconciliar as exigências pulsionais com as exigências da cultura. E apesar da maioria das pessoas não serem capazes de realizar a sublimação, tal destino pulsional propicia a melhor solução para o conflito cultural da sexualidade.[116]

A sublimação é o mecanismo de defesa mais profícuo para a sociedade, constituindo um bem social. A maior parte das grandes personalidades e dos grandes feitos ocorridos na história da humanidade só foram possíveis graças à sublimação: os grandes artistas, os eminentes cientistas, os mais importantes líderes políticos, e todas as personalidades que conseguiram se alçar acima da média eram indivíduos cujas pulsões sexuais foram transformadas em realizações sociais de grande valor. Por isso, a sublimação consiste na *dessexualização* da pulsão, e isso ocorre quando a energia libidinal é passível de ser deslocada para atividades não sexuais. Aliás, o próprio Freud declarou que, a partir dos 40 anos de idade, depois do nascimento de Sophie Freud (1893-1920), havia praticamente suspendido qualquer relação sexual e posto sua atividade pulsional a serviço de seu trabalho intelectual.[117]

A sublimação, com efeito, diz respeito a uma mudança nos objetivos da pulsão, que abandonaria seus objetos originais de natureza sexual, para se vincular a objetos socialmente valorizados. Assim, para Freud, as realizações culturais não constituem uma simples projeção dos indivíduos, mas configuram-se na melhor solução para o conflito entre as pulsões do id e as tendências estéticas e morais do ego.

Além disso, não somente a pulsão sexual, mas também a pulsão agressiva pode ser sublimada. Os esportes agressivos são amiúde sublimações de impulsos agressivos inatos porque sua finalidade não é danificar seriamente o oponente, mas exibir maior destreza do que o rival, e distrair os espectadores. A agressividade sublimada em determinados esportes também permite por meio da identificação que os próprios espectadores liberem parcialmente sua pulsão agressiva.

Franz Alexander (1881-1964) explicita essa concepção quando sustenta a tese de que os esportes agressivos, como as artes marciais, são genuínas sublimações de impulsos agressivos, destruidores e até homicidas, já que sua finalidade não é danificar seriamente o oponente ou matá-lo, mas exibir maior destreza do que o rival, bem como entreter os espectadores. Em esportes como o boxe e demais lutas, o desejo original de agressão ao adversário é mais evidente do que no tênis, golfe ou xadrez. Aliás, em determinados esportes a agressividade sublimada também permitiria (por identificação) que os próprios espectadores liberassem parcialmente sua pulsão agressiva[118].

Sendo assim, os esportes agressivos podem ser considerados como a sublimação da necessidade inata de agredir e até de matar. Todavia, a sublimação da agressividade também pode se manifestar numa série de outras atividades que são socialmente aceitas, como a prática esportiva de atirar em alvos fixos; a caça de animais quando permitida legalmente; a competitividade no âmbito empresarial; e a apreciação por filmes e jogos eletrônicos violentos.

8

Psicanálise e felicidade

Ao abordar o tema da felicidade, Freud sustenta que a vida humana é muito penosa, traz demasiadas dores, decepções e tarefas insolúveis, por isso é imprescindível à humanidade a invenção de uma série de paliativos a fim de torná-la um pouco mais suportável. Ele destaca a existência de três atenuantes mormente utilizados para minimizar a inexorável miséria humana: *poderosas diversões*, que possibilitam ignorá-la temporariamente, que incluiria a atividade científica; *gratificações substitutivas*, tal como a arte, que apesar de ser uma ilusão possibilita atenuar a miséria humana; e as *substâncias inebriantes*, isto é, os narcóticos em geral, que tornam as pessoas insensíveis à sua real condição, pois influenciam o corpo e mudam sua química.[119]

Depois de sustentar que a vida humana implica necessariamente na existência de agruras e sofrimentos, de modo que as pessoas se obrigam a criar subterfúgios a fim de suportá-los, Freud leva em consideração a questão da finalidade da vida humana. Na sua perspectiva (um tanto ou quanto cética) ele assevera que jamais foi possível encontrar uma resposta satisfatória para a finalidade da existência humana e provavelmente não exista nenhuma. É manifesto que ao abordar este tópico tão caro para a reflexão ética durante séculos, Freud refere-se à tradição filosófica que o precedeu, a qual procurou de diversos modos oferecer prescrições para a felicidade humana, em conexão com a ideia de que essa só é possível na realização de uma finalidade que é própria ao gênero humano. No entanto, na sua concepção, a filosofia falhou em estabelecer uma finalidade para a vida humana, que fosse inquestionável e válida para todos[120]. Ao trazer à baila esse assunto num de seus seminários, Jacques Lacan sublinha que decerto Freud não duvida, não mais do que Aristóteles, de que o que o homem busca acima de tudo, e que constitui o seu fim, seja a felicidade. Portanto, não escaparia a Freud que a felicidade é o que deve ser proposto como termo ou finalidade de toda busca humana, por mais ética que seja. Todavia, o que decide, e cuja importância não se considera o suficiente, e o que ele gostaria de ler no *O mal-estar na civilização* é que, para tal felicidade, não haveria absolutamente nada preparado para o gênero humano, nem no macrocosmo nem no microcosmo.[121]

A despeito da impossibilidade de determinar a finalidade da vida humana, Freud sustenta que ao menos é alcançável conhecer o que revela a própria conduta dos homens acerca da finalidade e intenção de sua vida, ou seja, o que pedem eles na vida e o que desejam nela alcançar. Para ele, todos os homens indistintamente querem se tornar e permanecer felizes. Todavia, a busca pela felicidade em geral possui duas metas distintas: uma *meta positiva* e uma *meta negativa*. A primeira diz respeito à busca de fortes prazeres, ao passo que a segunda anseia simplesmente pela ausência de dor e de desprazer. No sentido mais estrito da palavra, a felicidade humana parece identificar-se somente com o primeiro aspecto, qual seja, a obtenção de fortes prazeres. Aliás, é o amor sexual que para Freud proporciona a mais forte experiência de uma sensação de prazer, propiciando aos seres humanos o modelo sensível da busca pela felicidade[122]. Desse modo, parece que é o programa do princípio do prazer que determina a finalidade da vida humana. Tal princípio domina o desempenho do aparelho psíquico desde a sua origem, mas Freud sublinha que sua plena realização seria impossível para os seres humanos.[123]

Para Freud, a intenção primordial no trabalho do aparato psíquico é a obtenção de prazer. Toda a atividade psíquica é automaticamente regulada pelo princípio do prazer, ou seja, ela está voltada para obter o prazer e evitar o desprazer. Freud admite sem hesitar que na teoria psicanalítica o fluxo dos processos psíquicos é regulado automaticamente pelo princípio em apreço, e ele acredita que esse fluxo seja sempre estimulado por uma tensão desprazerosa, a qual toma uma direção tal que seu resultado final coincide com uma diminuição dessa tensão[124]. No entanto, as condições para o surgimento do prazer e do desprazer ainda constitui um mistério que escapa à ciência psicanalítica, mas o que se pode afirmar a esse respeito é que o prazer se vincula de alguma forma à diminuição ou à extinção do montante de estímulos presente no aparato psíquico, enquanto que o desprazer está ligado à sua elevação.[125]

É inegável que ao identificar a felicidade humana com a obtenção de prazer, seja no seu aspecto positivo, seja no seu aspecto negativo, Freud aproxima-se (ao menos no seu conteúdo essencial) da concepção filosófica de Epicuro (342-271 a.C.). Embora Freud não afirme explicitamente a aproximação de sua teoria com o epicurismo, ele ao menos sugere tal ideia.[126]

Para o epicurismo, o indivíduo é movido apenas para a procura do seu próprio prazer e de seu interesse. Mas a filosofia epicurista não subscreve a busca desmedida do prazer, pois ela consiste em saber procurar o prazer de maneira racional. Isso significa procurar o único prazer verdadeiro, o puro prazer de existir, já que toda a infelicidade dos homens deriva do fato de que eles ignoram o verdadeiro prazer. Pode-se assegurar, então, que a missão da filosofia de Epicuro é de natureza terapêutica: curar a doença da alma e ensinar o ser humano a viver adequadamente o prazer. O epicurismo também distingue os prazeres em duas categorias: os *prazeres móveis*, que são intensos e insaciáveis; e os *prazeres estáveis*, ou seja, os prazeres ligados ao repouso, ou a um estado de equilíbrio, que consiste em não ter fome, nem sede, nem frio. Este estado de prazer estável e de equilíbrio também corresponderia a uma situação de tranquilidade da alma e ausência de perturbação.[127]

Outrossim, é pertinente mencionar a este respeito a visão utilitarista do filósofo inglês John Stuart Mill sobre o conceito de felicidade, que se alinha *grosso modo* com as noções acima apresentadas. A propósito, Freud traduziu quatro ensaios das obras reunidas de Mill do inglês para o alemão, o que evidenciaria tanto o conhecimento como o apreço que Freud tinha em relação ao pensamento de Mill[128]. Ao estabelecer o fundamento da moralidade na forma do *Princípio da Maior Felicidade*, Mill identifica a felicidade com o prazer e a ausência da dor, e por infelicidade, a dor e a privação de prazer. Assim, o prazer e a isenção de dor são as únicas coisas desejáveis como fins, de modo que todas as coisas desejáveis são desejáveis ou pelo prazer inerente em si mesmas ou enquanto meios para a produção do prazer e da prevenção da dor. No entanto, Mill sustenta que alguns tipos de prazeres são mais desejáveis e valiosos do que outros: os prazeres mentais seriam superiores aos prazeres corporais.[129]

Na visão de Freud, aquilo que mormente denomina-se "felicidade", no sentido mais estrito, deriva da satisfação repentina de necessidades altamente represadas e, por sua própria natureza, somente é possível como um fenômeno episódico ou passageiro, de tal modo que as possibilidades de felicidade são limitadas pela própria constituição humana. Ao examinar a natureza do sofrimento humano, Freud sustenta que ele deriva de três fontes principais. Primeiramente, o sofrimento surge do próprio corpo, que por estar destinado ao declínio e à dissolução, não pode dispensar a dor e o medo. O mundo externo é outra fonte de sofrimento, o qual pode voltar-se contra o indivíduo com forças poderosíssimas, inexoráveis e destruidoras. Finalmente, o sofrimento é oriundo das relações com outros seres humanos. E o sofrimento que emana dessa fonte constitui o mais intenso e cruel a ser experimentado pelos homens. Por isso, sob o efeito dessas possibilidades de sofrimento, os indivíduos devem se acostumar em moderar suas aspirações pela felicidade, de tal modo que eles podem ser considerados felizes simplesmente ao escaparem da desgraça e sobreviver ao tormento[130]. Pode-se dizer, então, que o indivíduo que conseguir viver modestamente, chegar a uma idade avançada, com uma relativa saúde e educar bem os seus filhos, sem ser afligido por muitas calamidades, pode positivamente considerar-se a si mesmo um homem feliz.

A propósito, tal concepção de felicidade já tinha sido veiculada, praticamente nos mesmos termos, por Arthur Schopenhauer, o qual assegura que os seres humanos não devem construir a felicidade de suas vidas com base em muitas exigências, isto é, sobre um fundamento largo. Porquanto, apoiando-se sobre este haverá de desmoronar a felicidade com mais facilidade, uma vez que oferece oportunidades para muito mais acidentes, os quais não tardam a vir. Desse modo, o edifício da felicidade humana se comportaria de maneira inversa a todos os outros, que são mais firmes quanto mais largo o seu fundamento. Por isso, conclui o filósofo alemão, a redução das pretensões humanas com vistas aos meios disponíveis constitui o caminho mais seguro para escapar à grande infelicidade.[131]

No entanto, Freud assevera que as pessoas normalmente não se contentam apenas com a busca da meta negativa do prazer, que consiste basicamente em evitar a dor e o sofrimento, nem aspiram a felicidade com base em poucas exigências. Por essa razão, ele destaca a existência de pelo menos quatro vias para a obtenção da meta positiva do prazer. Todavia, nenhuma delas seria válida para todos, de tal modo que cada indivíduo precisa descobrir a sua maneira particular de ser feliz.

A primeira via seria a do *hedonismo desmedido*. A satisfação ilimitada de todas as necessidades se apresenta como a maneira mais tentadora de conduzir a vida, mas significa colocar o gozo à frente da cautela, trazendo, por conseguinte, o seu próprio castigo[132]. A aspiração pelo prazer que provém do id escolhe seus objetos sem quaisquer escrúpulos, e frequentemente demonstra preferência pelos proibidos, de modo que a satisfação imediata e desmedida das necessidades pulsionais conduziria o ser humano a críticos conflitos com a realidade externa e, por conseguinte, à aniquilação da espécie humana. À vista disso, é manifesto que tal via para a felicidade, apesar de ser muito atraente, só seria exequível em situações muito especiais e por poucos indivíduos sendo, pois, negada à maioria das pessoas. Todavia, na visão J. D. Nasio (1942-), nem sequer para poucos indivíduos a via do hedonismo desmedido seria realizável, de modo que ela pode até ser imaginada, mas nunca concretizada. Ele supõe que uma satisfação completa e imediata, que seria obtida por uma descarga total das pulsões é completamente hipotética. Sendo assim, a solução do hedonismo desmedido, que está ligada a busca de um prazer absoluto seria uma meta (humanamente) impossível de se realizar.[133]

Cálicles, que é um dos personagens do filósofo Platão (427-347 a.C.) no diálogo *Górgias*, defende de maneira muito contundente a tese do hedonismo desmedido, associando sua realização à obtenção da plena felicidade. Para ele, quem quer viver corretamente deve deixar os seus desejos e apetites crescerem desmedidamente, sem colocar-lhes freio. Deve ainda ser capaz de satisfazer esses desejos com coragem e inteligência. Contudo, ele declara que tal atitude não é possível para a maioria das pessoas. E a partir do momento em que elas são incapazes de dar plena satisfação aos seus desejos, tendem a louvar a temperança e a justiça, simplesmente porque são impotentes. Assim, aqueles que podem gozar todos os bens sem que ninguém lhes cause problemas tornam-se infelizes sob a lei da justiça e da temperança, ao passo que o desenfreamento e o desregramento constituirão a virtude e a felicidade. Cálicles conclui, pois, que todas as convenções humanas contrárias à natureza (a qual ditaria a lei do hedonismo desmedido) seria uma tolice desprovida de valor.[34]

A propósito, o imperador romano Calígula (12-41) pode ser considerado o exemplo histórico mais explícito do indivíduo que procurou na medida de suas possibilidades a satisfação irrestrita de todos os seus desejos. Todavia, o hedonismo desmedido lhe garantiu como ônus uma vida relativamente curta e repleta de transtornos: as relações sexuais incestuosas com as irmãs (que também eram obrigadas a prostituírem-se), as relações sexuais com as mulheres dos seus súditos na presença deles, o assassinato da própria esposa, do sogro e de parentes próximos, e a nomeação de si mesmo como um deus, estão entre os diversos disparates praticados por Calígula, que foi assassinado por uma conspiração perpetrada pelo senado romano em 24 de janeiro de 41. Apesar de ser tentadora, a via do hedonismo desmedido (em termos absolutos) seria inexequível, pois quando as pulsões irrompem é necessário que a sociedade tenha entre suas tarefas educativas mais importantes a de controlá-las, do contrário, as pulsões romperiam todos os diques e arrastaria em sua torrente toda a civilização.[135]

A segunda via proposta por Freud é a da *quietude*. O deliberado isolamento e o afastamento das pessoas podem representar uma proteção contra o sofrimento, que pode resultar sobretudo dos relacionamentos humanos. Desse modo, contra o temido mundo externo o indivíduo pode defender-se mediante algum tipo de distanciamento. A via da quietude procura atuar sobre as pulsões de tal forma que o ser humano seja capaz de superar o sofrimento. Este tipo de defesa procura não lidar diretamente com o aparelho sensorial, mas busca dominar as fontes internas das necessidades. No entanto, após o domínio contra as fontes internas das necessidades (mediante uma série de exercícios espirituais e sacrifícios), abandona-se também qualquer outra atividade em nome da felicidade na quietude[136]. Essa felicidade pode ser obtida ao eliminar os impulsos, como apregoa a sabedoria do oriente e como praticam os iogues. Outrossim, pode-se observar a busca da felicidade pela quietude em algumas escolas de filosofia do período helenístico (a exemplo do estoicismo), e na vertente monástica do cristianismo. Contudo, a via da quietude não cabe a todos os indivíduos, mas somente àqueles cuja personalidade é "narcisista", ou seja, àqueles naturalmente inclinados à autossuficiência, os quais tenderão a buscar as satisfações principais em seus eventos psíquicos internos.[137]

A terceira via diz respeito a *influência dos narcóticos* sobre o organismo. Freud afirma que com o auxílio da técnica oriunda da ciência, é possível proceder o ataque à natureza, submetendo-a à vontade humana. E os métodos mais interessantes para prevenir o sofrimento são aqueles que tentam influir no próprio organismo humano. É manifesto que o sofrimento se identifica com uma sensação, e aquele existe somente na medida em que é sentido, e é sentido em decorrência de certos arranjos do organismo. Isso posto, o método mais objetivo e eficaz para exercer tal influência é o químico, pois existem substâncias que de fora do corpo produzem sensações imediatas de prazer. A utilidade dos narcóticos na busca pela felicidade e no afastamento da miséria é tão valorizado como benefício, que tanto indivíduos como povos no decorrer da história humana lhes reservaram um sólido lugar em sua economia libidinal. E aos narcóticos se deve não somente a obtenção imediata de prazer, mas também uma parcela muito desejada de independência em relação ao mundo exterior. Entretanto, essa característica dos entorpecentes determina também o seu perigo e nocividade[138]. Aliás, o próprio Freud por algum tempo consumiu a cocaína como um estimulante para controlar seus estados depressivos intermitentes, aumentar a sensação geral de bem-estar, ajudá-lo a relaxar em encontros sociais tensos ou simplesmente fazê-lo se sentir mais viril. Ele até sugeriu o uso da cocaína a Martha Bernays (1861-1951), que era sua noiva, para que pudesse ficar mais disposta. E como é sabido, Freud escreveu em junho 1884 um artigo científico chamado *Sobre a coca* no qual abordava as propriedades terapêuticas da cocaína, perspectiva que posteriormente foi modificada em virtude da descoberta de que essa droga poderia gerar dependência.[139]

Até nos últimos momentos de sua vida, Freud utilizou-se de narcóticos a fim de aliviar o seu sofrimento físico. Em meados de fevereiro de 1923 ele contraiu um tumor leucoplásico no maxilar e no palato. O sofrimento derivado da doença o afligiu por 16 anos. E depois de 33 cirurgias sem poder eliminá-lo, sentindo intensa dor, Freud pediu a seu médico Max Schur (1897-1969) que lhe aplicasse uma dose de morfina além do necessário para terminar com sua agonia. Schur concordou em realizar a "eutanásia" (aplicando três centigramas de morfina, sendo que a normal seria dois centigramas), e no dia 23 de setembro de 1939 o mundo perde o criador da psicanálise.[140]

Na visão da psicanalista Karen Horney (1885-1952), existem várias maneiras dos indivíduos fugirem da ansiedade (que constitui o maior tormento que o ser humano pode suportar) apelando não apenas para os narcóticos convencionais, mas para a "narcotização" da vida. Uma delas é engolfar-se em atividades sociais em virtude do medo de ficar sozinho. Outra maneira de narcotizar o sofrimento é afogá-lo no trabalho, processo que pode ser reconhecido por sua natureza compulsiva. O mesmo fim pode ser alcançado por uma necessidade irrefreada de sono, que mormente não torna a pessoa mais descansada depois de dormir. As atividades sexuais também servem como válvula de escape para dar vazão à ansiedade: a masturbação compulsiva, pode ser provocada pela ansiedade, mas o mesmo pode ser afirmado de toda sorte de relações sexuais. Desse modo, a sexualidade pode servir, em alguns casos, como um meio para mitigar o sofrimento psíquico ocupando o lugar de um narcótico[141]. Além do mais, Horney sustenta que a soma da atividade sexual nos nossos dias é mais um sangradouro para as tensões psíquicas do que um impulso sexual legítimo, e deve ser analisado antes como uma espécie de sedativo do que prazer ou felicidade legítima.[142]

A quarta via consiste na *sublimação* das pulsões, a qual foi abordada anteriormente no domínio dos mecanismos de defesa do ego. Na obra *Três Ensaios sobre a Teoria da Sexualidade* (1905) Freud elaborou sua primeira definição do processo psíquico chamado "sublimação", no qual as excitações hiperintensas provenientes das diversas fontes da sexualidade encontram escoamento e emprego em outros campos, de modo que de uma disposição em si perigosa resulta um aumento significativo da eficiência psíquica[143]. Depois dessa primeira exposição, o conceito de sublimação foi compreendido por Freud em suas obras posteriores como o mecanismo psíquico responsável pela criação artística e intelectual.

Na perspectiva de Freud, algumas atividades humanas que a sociedade em geral atribui grande valor, como as artes e as ciências, têm o seu reservatório energético na *pulsão sexual*. Todavia, para que a pulsão sexual seja suscetível de colocar à disposição das atividades culturais as quantidades de energias exigidas, é manifesto que ela possui a capacidade de trocar a finalidade sexual original por uma outra finalidade, que se assemelha psiquicamente à sexual. A sublimação também é considerada por Freud como o mais eficiente mecanismo de defesa contra as pulsões que provêm do id, pois ela descreve as atividades humanas que aparentemente não possuem nenhuma relação com a sexualidade, mas que extraem sua energia da pulsão sexual. Desse modo, a sublimação propicia ao indivíduo a possibilidade de atingir certo grau de satisfação sexual de uma maneira socialmente aceitável, razão pela qual ela constitui o melhor meio para a descarga pulsional.[144]

Além das quatro metas positivas do prazer acima indicadas, existe uma importante alternativa referente à meta negativa do prazer, que consiste na *fuga da realidade*. Para Freud, tal procedimento, que visa obter algum grau de felicidade, encara a realidade como o único inimigo, a origem de todos os sofrimentos, com a qual é impossível viver e, em relação a qual, devem-se romper todos os liames. O eremita, por exemplo, é aquele que procura fugir do mundo porque é incapaz de conviver com ele. Nesse sentido, alguém pode se libertar do sofrimento oriundo do mundo exterior, construindo um outro mundo em seu lugar, no qual os aspectos mais intoleráveis sejam eliminados e trocados por outros, em conformidade com os próprios desejos[145]. Pode-se verificar na biografia de Santo Antão do deserto (251-356) um caso emblemático de fuga da realidade. Com cerca de vinte anos, após a morte dos pais, ele decidiu distribuir todos os seus bens aos pobres e morar numa caverna em pleno deserto, vivendo uma vida totalmente ascética. Com o tempo, ele adquiriu alguns seguidores, os quais o forçaram a se isolar cada vez mais, a ponto de escolher viver nos sepulcros. Apesar de Santo Antão ser venerado como o "pai dos eremitas cristãos", sob uma perspectiva psicanalítica é manifesto que ele procurou a felicidade ou pelo menos o alívio do seu sofrimento psíquico mediante o isolamento social. Aliás, o afastamento das pessoas aproxima o mecanismo da "fuga da realidade" do "quietismo", de modo que a diferença entre eles parece estar mais no grau e na intensidade do afastamento do que em sua natureza.

Outrossim, numa situação muito mais extrema a fuga da realidade pode se manifestar na *psicose*, que é o tipo de comportamento que vulgarmente denomina-se "loucura", e diz respeito às formas mais acentuadas dos distúrbios da personalidade. O termo foi introduzido na psiquiatria em 1845 pelo médico austríaco Ernst von Feuchtersleben (1806-1849) para substituir o vocábulo "loucura" e definir os doentes mentais numa perspectiva psiquiátrica. Na psicanálise, a psicose caracteriza-se basicamente por uma modificação no sujeito de sua percepção da realidade, pela inconsciência sobre sua própria condição psíquica e pela ausência de autodeterminação, a ponto de justificar o internamento dos doentes nos casos mais graves. A psicose também pode ser concebida como uma espécie de defesa do ego contra uma decepção infligida pela realidade, que o afasta desta e se deixa subjugar pelo id. Além disso, a psicose e a neurose diferem fundamentalmente pelo fato de que na neurose o ego, que está a serviço da realidade, reprime uma parcela do id, ao passo que na psicose ele se deixa levar pelo id a se apartar de uma parcela significativa da realidade. Por isso, a estrutura psicótica é fundamentalmente uma perturbação original da relação do sujeito com a realidade.

9

Psicanálise e religião

Sigmund Freud é frequentemente alvo de críticas por não se manter no seu campo particular de estudo e incorrer em análises sociológicas ao explorar uma série de fenômenos sociais de sua época. De fato, o pai da psicanálise não restringiu suas investigações científicas ao campo do tratamento clínico de pacientes neuróticos, pois ele sempre ansiou que a psicanálise tivesse uma influência na sociedade que ultrapassasse o seu lugar como tratamento curativo das *neuroses*. Este ponto de vista é expresso de maneira categórica num artigo chamado *A questão da análise leiga: diálogo com um interlocutor imparcial* (1926), no qual Freud enfatiza que o destino da psicanálise deve ir muito além do tratamento das neuroses. Na condição de uma teoria do inconsciente psíquico, a psicanálise pode se tornar imprescindível para todos os campos do conhecimento que se ocupam da origem da cultura humana e de suas grandes instituições, como a arte, a religião e a organização social. A ciência psicanalítica já teria prestado ajuda considerável na solução de alguns de seus problemas, mas tais contribuições ainda seriam insignificantes, em comparação ao que se pode alcançar quando historiadores da civilização, psicólogos da religião e estudiosos da linguagem aprenderem a manejar a nova ferramenta de pesquisa colocada à sua disposição. Sendo assim, Freud é enfático ao sustentar que o emprego da análise na terapia das neuroses é somente uma de suas utilidades, e no futuro ele acredita que não será a mais importante. Além disso, ele conclui que não seria justo sacrificar todas as demais aplicações possíveis da psicanálise em benefício da aplicação clínica, apenas porque ela tem relação com o círculo de interesses médicos.[146]

A psicanálise, com efeito, refere-se à teoria da estrutura e função da personalidade, à aplicação dessa teoria a uma técnica terapêutica específica, bem como a outros ramos do conhecimento humano. Nesse sentido, convém distinguir a existência de dois aspectos na ciência psicanalítica: o *método psicanalítico clínico* e a *psicanálise aplicada*. O método psicanalítico clínico é utilizado pelo analista em sua prática terapêutica, cujo escopo é basicamente a cura das neuroses. Este primeiro aspecto da psicanálise se caracteriza por ser uma atividade de alcance prático e individual. A psicanálise aplicada, por sua vez, consiste basicamente na aplicação das concepções psicanalíticas às ciências humanas em geral. Em comparação com o método psicanalítico clínico, a psicanálise aplicada é mais teórica (ou especulativa) e tem um alcance mais geral. A propósito, Freud não somente defendeu, mas também aplicou a teoria psicanalítica à literatura, à arte, à religião, à mitologia, ao folclore e à sociologia. E no domínio desta, ele também se preocupou com a antropologia cultural e com a psicologia social[147]. Contudo, cabe sublinhar que este último aspecto da psicanálise não possui autonomia em relação ao primeiro, pois qualquer aplicação da teoria psicanalítica às ciências humanas, ou a qualquer outro assunto, é necessariamente dependente dos conceitos clínicos. Tal perspectiva, por exemplo, levou Freud a sustentar que as guerras são causadas pela atuação da pulsão de morte ou que o atual sistema econômico se encontra radicado em impulsos sádico-anais etc.

Depois de um grande desvio pelas ciências naturais, medicina e psicologia, Freud debruçou-se nos problemas culturais que desde muito tempo o fascinaram. Ele chega a declarar a seu biógrafo Ernest Jones (1879-1958) que quando jovem sentia forte atração pela especulação, a qual teria sido refreada implacavelmente. E mesmo antes de se formar com distinção no liceu em junho de 1873, Freud reconhecia que a natureza que mais avidamente queria entender era a natureza humana. Portanto, desde a juventude sua ânsia de conhecimento estava mais dirigida para os assuntos humanos do que para os objetos naturais[148]. E à medida que envelhecia, o pai da psicanálise foi permitindo maior liberdade no que se refere à especulação.

Segundo Paul Roazen (1936-2005), a "virada especulativa" no pensamento de Freud teria acontecido depois do ano de 1923, ano que ele teve seu primeiro câncer. Apesar de Freud anteriormente ter demonstrado possuir características de filósofo social, e ter se desviado antes de 1923 das preocupações clínicas para problemas especulativos, o espectro da morte teria apressado essa antiga tendência, que por muito tempo fora refreada. Desse modo, à medida que a doença avançava Freud foi se tornando menos médico e psicólogo e mais visionário[149].

Dentre os muitos tópicos culturais analisados por Freud, ele dedicou-se a compreender o fenômeno aparentemente universal do sentimento religioso. É manifesto que durante toda a sua vida Freud preocupou-se com questões religiosas, e embora houvesse comentários ocasionais sobre a religião em seus trabalhos iniciais, somente nos anos mais maduros é que tal interesse passou a ocupar uma posição de destaque. No entanto, distante de uma análise *stricto sensu* teológica, sociológica ou histórica, sua investigação pautou-se numa perspectiva eminentemente psicológica, razão pela qual Freud pode ser considerado o pai da *psicologia da religião*, quer dizer, o estudo psicológico das crenças e das experiências religiosas.

Além de debruçar-se avidamente sobre os conhecimentos acumulados sobre o assunto em questão, Freud procurou na medida do possível dialogar com a *intelligentsia* europeia atuante no seu tempo. O romancista e biógrafo francês Romain Rolland (1866-1944) foi um dos intelectuais com quem Freud trocou cartas sobre o tema da origem psicológica do sentimento religioso. A propósito, Rolland fez importantes observações sobre o livro *O futuro de uma ilusão* (1927), a partir das quais Freud inicia a obra *O mal-estar na civilização* (1930).

Para Rolland, a fonte da religiosidade seria um sentimento particular que ele viu confirmado por muitas pessoas, e que ele designa por "sensação de eternidade", ou seja, um sentimento de algo ilimitado, sem barreiras, como que "oceânico". Posicionando-se como um cético, ele sustenta que a hipótese do sentimento "oceânico" representa um fenômeno puramente subjetivo (ou psicológico) e não constitui um artigo de fé, mas certamente seria a fonte da energia religiosa de que diferentes igrejas e sistemas religiosos se apoderaram. E, com base unicamente neste sentimento, qualquer indivíduo poderia considerar-se religioso, mesmo estando desvinculado de dogmas religiosos.[150]

De acordo com Freud, o sentimento oceânico, ou seja, o sentimento de comunhão com todo o mundo exterior, por experiência própria não o convence da natureza primária do sentimento religioso, o que não o autoriza a questionar sua ocorrência nas outras pessoas.

Todavia, o que interessa efetivamente a Freud é saber se a origem do sentimento religioso é interpretada de modo correto. Para tanto, ele oferece uma explicação psicanalítica para o sentimento em apreço[151]. Essa explicação pode até ser considerada "psicologista", pelo fato de reduzir todos os elementos da experiência religiosa nos seres humanos a seus aspectos psíquicos. No que tange à psicanálise, tais elementos seriam elucidados a partir da instância psíquica chamada *inconsciente*, que é a sede dos impulsos inatos, e dos desejos e lembranças recalcados. O inconsciente é regido pelo *princípio do prazer*, por isso opera sem nenhuma consideração pelas normas do pensamento racional e objetivo, aspirando unicamente a gratificação imediata do desejo[152]. À vista disso, as representações inconscientes não levam em consideração as coações da razão, da realidade ou do tempo, pelo contrário, elas obedecem a uma única demanda – a busca imediata do prazer absoluto.

Para Freud, não há nada mais seguro do que o sentimento da existência do próprio *ego*[153], o qual parece ser autônomo e unitário. Ao declarar isso ele revela possuir um considerável conhecimento da filosofia cartesiana, porquanto, a verdade fundamental encontrada por René Descartes (1596-1650) nas *Meditações Metafísicas* (meditação segunda, § 4) é expressa pela fórmula "penso, logo existo" (*cogito, ergo sum*). Isso posto, Descartes compreende a si mesmo como uma coisa que pensa, que duvida, que afirma, que nega, que quer, que imagina e que sente (meditação terceira, § 1). Com base nisso, pode-se afirmar que para Descartes a essência mesma do *Eu pessoal* (que corresponderia ao ego na psicanálise) se identifica com o pensamento. Além disso, a ideia que ele tem do espírito humano (na medida em que é uma coisa que pensa, e não extensa em comprimento, largura e profundidade, e que em nada participa daquilo que pertence ao corpo), é incomparavelmente mais distinta do que a ideia de uma coisa corporal (meditação quarta, § 2).

No entanto, na visão de Freud, a noção de que o ego é uma substância autônoma e unitária seria enganosa, porque o ego se prolonga para dentro, sem uma fronteira nítida, numa entidade psíquica inconsciente chamada *id*[154]. Quando se prolonga para fora, o ego parece conservar limites claros e precisos, mas existe um estado extraordinário (que não poderia ser considerado *stricto sensu* patológico) em que a fronteira entre o ego e o objeto ameaça desaparecer. Contrariando o testemunho dos sentidos tal experiência afirma que o ego e o mundo exterior são uma só coisa. Além dessa situação singular, o estudo das patologias mentais apresenta um vasto número de estados em que a delimitação entre o ego e o mundo exterior torna-se problemática – casos em que partes do próprio corpo, e componentes da vida psíquica (percepções, pensamentos, afetos) surgem como alheios ou não pertencentes ao ego; e outros em que se atribui ao mundo exterior o que evidentemente surgiu no ego, e deveria ser reconhecido por ele. Pode-se assegurar, então, que o sentimento do ego está sujeito a uma série de transtornos, razão pela qual não se pode afirmar que suas fronteiras são permanentes.[155]

Freud assegura que o sentimento do ego presente na vida adulta não poderia ter sido o mesmo desde o princípio: o bebê humano ainda não é capaz de separar a sua consciência do mundo exterior, mas aprende a fazê-lo depois de uma série de estímulos externos. Um importante estímulo para que o ego reconheça o mundo exterior se constitui de sensações de dor e desprazer, que o princípio do prazer busca a todo custa eliminar. Depois disso, chega-se ao procedimento que permite distinguir o que é interior ou pertencente ao ego, e o que é exterior, pertencente ao mundo externo, e com isso ocorre o primeiro passo para o surgimento do *princípio de realidade*. E sob a influência da necessidade de autoconservação do ego, o princípio de prazer é substituído pelo princípio de realidade que, sem abrir mão do propósito de um ganho de prazer, exige e impõe o adiamento da satisfação, a renúncia de sua realização e a tolerância temporária do desprazer e do longo desvio que conduz ao prazer[156].

O ego deve entrar em acordo com o mundo visível, audível, palpável, perceptível, e com a realidade onde existem outras pessoas, em relação às quais o ego não pode fazer sempre o que lhe apetece. O princípio de realidade modifica o princípio de prazer, impondo-lhe as restrições necessárias à adaptação à realidade externa. Todavia, o princípio de realidade, que existe independentemente dos anelos e dos desejos particulares dos indivíduos, não se refere somente à realidade física ou natural, mas também diz respeito à realidade social. Assim, para que o homem se adapte às exigências reais da vida, é imprescindível que abandone o princípio de prazer, a fim de poder desenvolver-se harmoniosamente com a realidade.

De acordo com Freud, o atual sentimento do ego, quer dizer, autônomo e unitário, seria apenas o vestígio atrofiado de um sentimento muito mais abrangente que corresponderia a uma estreita ligação do ego com o mundo exterior. O primitivo sentimento do ego (unido com o mundo exterior) foi conservado na vida psíquica dos seres humanos como uma espécie de contraparte do ego autônomo e unitário, e os seus conteúdos ideativos seriam justamente os da ligação com o todo, o que explicaria efetivamente o sentimento "oceânico" aventado por Romain Rolland. Todavia, Freud explicita que o fenômeno da conservação de todos os estágios anteriores da vida psíquica, ao lado de uma configuração definitiva na vida adulta, é possível somente no âmbito psíquico, e o fato da conservação do passado na vida psíquica é antes a regra do que a exceção. Por esse motivo, em muitos homens (religiosos) se manifesta o sentimento "oceânico", e isso ocorre porque eles estariam inclinados a remontar a uma fase primitiva do sentimento do ego.[157]

Embora Romain Rolland concorde com a tese freudiana de que o sentimento religioso é uma forma de "ilusão psíquica", ou ainda, um fenômeno puramente psicológico, ele considera a presença do sentimento "oceânico" por si só um manancial de energia, que independentemente de garantir a imortalidade, ou se transformar em artigo de fé, constitui a fonte capaz de transformar alguém num indivíduo religioso. Em face dessa perspectiva, Freud se propõe a verificar, tomando como ferramenta a teoria psicanalítica, se o sentimento "oceânico" pode ser considerado de fato a origem do anseio religioso.

No que tange às necessidades religiosas, que parecem ser inerentes aos seres humanos, Freud sustenta que elas derivam do sentimento de *desamparo infantil*. Tal sentimento não existe somente na época infantil, mas é conservado na vida adulta pelo medo diante do poderoso poder do destino. Desse modo, poder-se-ia rastrear a origem da atitude religiosa até o sentimento de desamparo infantil. O sentimento "oceânico" que consiste em "ser-um com o universo", que é o seu conteúdo ideativo, também se apresenta como uma tentativa inicial de consolação religiosa, como uma outra via para negar o perigo que o ego percebe a ameaçá-lo do mundo exterior. A sensação de continuidade com todas as coisas, que o sentimento em apreço sugere, parece ser uma tentativa de consolação, como se tentasse minimizar os perigos que o mundo exterior representa para o ego, identificando-se com ele[158].

Todavia, os argumentos que visam explicar o sentimento religioso já foram expostos por Freud numa obra escrita especificamente para esclarecer o assunto em questão chamada *O futuro de uma ilusão* (1927). Nessa obra, o argumento psicanalítico essencial contra a religião é a necessidade, por parte do sentimento religioso, de derivar suas crenças e suas práticas dos sentimentos de desproteção e vulnerabilidade presentes no indivíduo e no modo de a criança (sempre viva e presente no psiquismo de cada ser humano) inventar mecanismos psicológicos para se proteger de tais sentimentos. Isso posto, a religião teria sua origem na construção de uma proteção contra o desamparo humano em face das contingências que o homem não é capaz de dominar. O ser humano inventa, pois, um patrimônio de ideias nascido da necessidade de tornar suportável o desamparo humano. Este patrimônio "protege" (ao menos em termos psicológicos) os homens dos perigos da natureza e do destino, bem como dos danos causados pela própria sociedade humana[159]. As ideias religiosas, portanto, se apresentam como proposições, mas não são o produto da experiência ou o resultado final do pensamento, pelo contrário, são as realizações dos desejos mais antigos, fortes e mais prementes da humanidade[160]. Enfim, quando a criança, ao crescer, percebe estar destinada a permanecer para sempre uma "criança", que nunca poderá dispensar proteção contra poderes desconhecidos, atribui, pois, a estes, as características da imagem paterna: imagina a existência de deuses, dos quais possui medo, aos quais procura agradar e aos quais atribui a missão de protegê-la.

Paul-Laurent Assoun (1948-) sublinha que a psicanálise encara a religião como um exemplo da produção social de ilusões, de modo que o movimento psicanalítico interveio para produzir na sociedade uma conscientização sobre tais ilusões. Por isso, o freudismo teria se inscrito no movimento de crítica religiosa que remontava ao filósofo alemão Ludwig Feuerbach (1804-1872). Na obra *A essência do Cristianismo* Feuerbach representou a fé religiosa como a projeção alienante dos poderes do homem numa entidade supostamente transcendental. Conforme seu projeto humanista, o homem deveria recuperar a posse de suas próprias riquezas, transferidas para essa entidade. Semelhantemente, Freud concebeu a religião em termos de alienação e projeção. A religião seria a matriz de toda e qualquer ilusão, a ser entendida como crença na qual prevalece a realização de desejos. E ao oferecer uma resposta ao desamparo em termos de amor, a religião satisfaz uma necessidade, mas ao mesmo tempo, desvia o sujeito da exigência de realidade, fazendo-o mergulhar num "infantilismo psíquico". Em síntese, Freud teria se mantido firme sobre o fato de que a religião pertence, prototipicamente, ao registro da ilusão.[161]

Segundo Peter Gay (1923-2015), no período em que

Freud esteve na universidade (dos 17 aos 25 anos), seu ateísmo teria se consolidado pela influência de Ludwig Feuerbach. Na universidade Freud dedicou-se muito tempo à leitura dos filósofos, mas dentre todos eles Feuerbach foi o que mais ele admirou. Feuerbach considerava seu dever desmascarar a teologia e revelar suas raízes puramente mundanas na experiência humana. Ele não era um ateu, mas sua doutrina e método tinham o propósito de formar verdadeiros ateus. O ponto central de seu tratado sobre a religião era fundamentalmente a destruição de uma ilusão absolutamente perniciosa. E Freud teria considerado essa atitude profundamente compatível consigo próprio[162].

Outrossim, Freud sustenta que se todas as provas apresentadas em favor da credibilidade das proposições religiosas derivam do passado, é natural verificar se no presente, o qual pode ser julgado com mais acerto, também pode oferecer tais provas. E se dessa forma fosse possível colocar a salvo de dúvidas ao menos uma única parte do sistema religioso, automaticamente o todo ganharia credibilidade. Para tanto, Freud menciona os espíritas (kardecistas), os quais estão persuadidos da continuidade da alma individual e pretendem demonstrar cientificamente que essa proposição religiosa é isenta de dúvidas. Entretanto, eles são incapazes de refutar o fato de as aparições e manifestações de seus "espíritos" serem apenas produtos de sua própria atividade psíquica, ou uma mera projeção mental. Freud ainda sublinha que os espíritas evocam os espíritos dos maiores homens, dos mais destacados pensadores, mas todas as manifestações e notícias que deles recebem são tão tolas, tão inconsolavelmente ocas, que não se pode levar nenhuma delas a sério[163].

Freud também sustenta que não apenas o espiritismo, mas as religiões em geral, são tão claramente infantis, tão distantes da realidade, que para alguém de atitude humanitária é doloroso pensar que a grande maioria dos mortais nunca será capaz de se colocar acima dessa concepção de vida. Ele nem poupa de sua crítica os filósofos deístas, que não acreditam na religião, mas procuram salvar o Deus da religião substituindo-o por um princípio impessoal, espectralmente abstrato. Mas, se é possível justificar os filósofos deístas do passado, que temiam a retaliação da Igreja Católica por sua descrença, nada justificaria tal procedimento no tempo presente.[164]

10

Psicanálise e civilização

De acordo com Sigmund Freud, existem três fontes das quais derivam o sofrimento humano, quais sejam, o poder inexorável da natureza, a debilidade do corpo humano e a insuficiência das normas que regulam os vínculos humanos na família, no Estado e na sociedade. Em relação às duas primeiras fontes do sofrimento Freud recomenda sua aceitação completa e resignada, pois o ser humano é incapaz de dominar tanto a natureza como o organismo[165]. E se não é factível abolir o sofrimento completamente, ao menos é possível abolir parte dele, e para isso Freud destaca, conforme já examinamos, a existência de pelo menos quatro vias para a obtenção da meta positiva do prazer.

No que tange à terceira fonte de sofrimento, Freud sustenta que as instituições criadas pelos seres humanos são incapazes de propiciar bem-estar e segurança. Na verdade, boa parte da culpa pela miséria humana advém da própria civilização, haja vista que os homens seriam mais felizes se regressassem às condições de sua existência primitiva.[166]

Ao falar de tal existência Freud refere-se àquilo que na tradição filosófica contratualista recebeu o nome de "estado de natureza", ou seja, um estado de perfeita liberdade, antes da formação da sociedade, em que cada um regulamentava suas próprias ações como bem lhe convinha, sem pedir permissão para ninguém, nem depender da vontade de ninguém, utilizando-se de todos os meios para atingir seus objetivos egoístas, seguindo o curso dos seus próprios impulsos primitivos e irracionais.

Para Freud, a civilização surgiu necessariamente em decorrência da renúncia das pulsões, e tal frustração trouxe à tona, como uma de suas consequências, a moléstia psíquica das neuroses, as quais ameaçam minar o pouco de felicidade que o homem civilizado é capaz de obter. Com efeito, o ser humano se torna neurótico porque é incapaz de suportar a medida de frustração que a sociedade lhe impõe, em benefício de seus ideais culturais. E se tais exigências fossem abolidas certamente surgiria a possibilidade de um retorno à uma vida mais feliz[167]. Ele ainda sustenta que pelo fato da influência da civilização constituir uma das causas para o surgimento da neurose, seria fácil a alguém não civilizado ser psiquicamente saudável, ao passo que para alguém civilizado representa uma tarefa muito difícil. E mesmo aqueles indivíduos que são considerados normais, psiquicamente saudáveis e bem adaptados à realidade social (no sentido mais profundo, ou seja, no seu inconsciente) seriam hostis à civilização.[168]

A propósito, a noção freudiana de que no âmago de cada ser humano civilizado habita uma besta irracional que é hostil à civilização, foi ressignificada por C. G. Jung (1875-1961) na forma do *arquétipo da sombra*. Este arquétipo junguiano designa *grosso modo* o lado obscuro da personalidade humana, sua dimensão incivilizada e selvagem, que é ignorada pela mente consciente. Desse modo, a fim de que o indivíduo se torne um membro da sociedade é necessário domesticar os ímpetos animais contidos na sombra. E aquele que suprime o aspecto animal da sua natureza, pode tornar-se civilizado, porém, a sombra é dotada de um extraordinário poder de resistência, de modo que ela jamais é totalmente vencida, e se for bem canalizada (ou sublimada, como diria Freud) pode até impelir as pessoas a atividades mais satisfatórias e criativas[169].

Pode-se observar que existe um verdadeiro impasse na concepção freudiana acerca da civilização, pois esta precisa do recalcamento das pulsões para subsistir, do contrário se dissolveria totalmente, mas é em virtude do mesmo recalcamento que o homem civilizado tende a adoecer psiquicamente. Assim, a civilização seria a maior responsável pelos infortúnios dos seres humanos, de tal modo que eles seriam mais felizes se regressassem aos tempos primitivos. Todavia, é a própria civilização que construiu expedientes que visam proteger os seres humanos dos sofrimentos inerentes ao estado de natureza. Se por alguma razão a sociedade como a conhecemos se dissolvesse, de sorte as pessoas tivessem de viver sem leis, ou ninguém para aplicá-las, todos roubariam e matariam quando necessário, e o resultado seria uma guerra interminável de todos contra todos. Por isso, os indivíduos em tal condição teriam razões muito boas para querer trabalhar juntos e buscar a paz. Esta seria a única forma de se protegerem, porque a segurança propiciada pela civilização, em conexão com o recalcamento das pulsões, seria muito mais vantajosa do que a frágil liberdade no estado de natureza. Mas a segurança construída artificialmente pela civilização, em detrimento da liberdade original, teria produzido todas as moléstias psíquicas.

Segundo Freud, a causa das diversas neuroses que acomete os seres humanos, reside na ideia de conflito interno entre duas forças opostas que constituem o psiquismo. Por isso, a causa de um sintoma neurótico deve ser considerada em termos de conflito psíquico entre duas forças pulsionais. Nos indivíduos neuróticos verifica-se regularmente indícios de uma luta entre impulsos plenos de desejos. Assim, uma parte da personalidade (id) defende a causa de desejos sexuais e agressivos, que frequentemente são hostis à vida civilizada, enquanto outra parte (ego) se opõe a eles e os rechaça. E se não houvesse o conflito mental entre o id e o ego não existiria a neurose[170]. Além disso, os sintomas das neuroses representam uma *satisfação substitutiva* de algum impulso sexual (ou destrutivo) ou medidas para impedir tal satisfação e, amiúde, são conciliações ou *formações de compromisso* entre as duas partes no conflito, do tipo que ocorre em conformidade com as leis que operam entre contrários no inconsciente[171].

Com efeito, algumas pessoas se tornam neuróticas quando são privadas da possibilidade de satisfazer determinados desejos. Elas adoecem em decorrência dessa frustração, ao mesmo tempo em que os sintomas neuróticos são os substitutos da satisfação frustrada. Os sintomas neuróticos normalmente são ações prejudiciais, ou pelo menos inúteis para a vida do indivíduo, que deles se lamenta como sendo indesejados e causadores de sofrimento. O maior prejuízo que causam reside no desperdício de energia mental que acarretam, resultando num extraordinário empobrecimento da pessoa, paralisando-a para as tarefas importantes da vida. O neurótico obsessivo, por exemplo, ao investir muito tempo e energia em suas manias, acaba gerando uma séria de prejuízos em sua vida profissional e nos seus relacionamentos pessoais. Por essa razão, em várias ocasiões Freud simplificou a condição psíquica do neurótico como aquele que é "incapaz de trabalhar e de amar".

Na visão de Freud, é manifesto que a humanidade fez progressos extraordinários no campo das ciências naturais, bem como em sua aplicação técnica, obtendo o domínio sobre a natureza de um modo jamais visto. Não obstante, tais conquistas civilizacionais não elevou o nível de satisfação prazerosa que os indivíduos esperam encontrar na vida, ou seja, não os fez sentirem-se mais felizes. Disso decorre que o poder sobre a natureza não constitui a única condição da felicidade humana. É inegável que o avanço da medicina beneficiou a humanidade no sentido de reduzir significativamente a mortalidade dos bebês, o perigo de infecção nas mulheres que dão à luz, e por prolongar a média de vida das pessoas. No entanto, não parece tão vantajoso ter uma vida mais longa, se ela for penosa, pobre de alegrias e tão plena de sofrimentos. Nesse sentido, parece ser inquestionável que o homem civilizado é infeliz no atual estado de coisas, e apesar de ser difícil de demonstrar, seria altamente provável que os homens de épocas anteriores se sentiram mais felizes.[172]

Freud designa a civilização como a soma inteira das realizações e instituições que afasta a vida humana daquela dos antepassados animais, e que possui duas finalidades: a proteção do homem contra a natureza e a regulamentação dos vínculos dos homens entre si. Desse modo, culturais são todos as atividades e valores que são úteis à vida humana, colocando a terra a seu serviço e, por conseguinte, protegendo-a da violência das forças naturais. Os primeiros produtos culturais foram o uso de instrumentos e o domínio sobre o fogo. Com estes recursos o ser humano aperfeiçoou os seus órgãos, tanto os motores como os sensoriais. Os instrumentos motores lhe colocaram à disposição imensas energias, por exemplo, os navios e os aviões não deixam que a água e o ar lhe impeçam a movimentação. Os instrumentos sensoriais, por sua vez, corrigiu as falhas da lente de seus olhos através do óculos; com o telescópio enxergou a enormes distâncias; com o microscópio superou as fronteiras das visibilidade; com o auxílio do telefone ele ouviu bem longe, por distâncias que seriam inatingíveis; e com a casa ele encontrou um equivalente ao útero materno, sua primeira moradia, onde estava seguro e estava bem.[173]

Outra característica da civilização apontada por Freud, consiste no fato das pessoas preocuparem-se com coisas que não são estritamente úteis, desde a criação de parques, necessários como áreas de lazer e reservatórios de ar, a vasos de flores adornando as janelas das casas. Isso ocorre porque para além da mera funcionalidade, as pessoas esperam das coisas que elas sejam ornamentadas. Na verdade, as coisas que podem ser consideradas inúteis, que as pessoas esperam ver apreciada na civilização é o cultivo pela beleza. Aliás, exige-se que o homem civilizado venere a beleza, onde quer que ela apareça na natureza, e que a reproduza em objetos.[174]

Outrossim, é um sinal de civilização o cultivo da limpeza. A sujeira de qualquer tipo é inconciliável com a civilização, de tal modo que não é surpreendente se alguém coloca o uso do sabão como um verdadeiro medidor cultural. Também são inegáveis os benefícios da ordem, pois ela possibilita ao homem o melhor uso do espaço e do tempo. De fato, a natureza humana revela uma tendência natural para a negligência e a irregularidade, por isso o ser humano precisa ser educado com muito esforço pela cultura. À vista disso, a beleza, a limpeza e a ordem ocupam claramente um lugar especial entre as exigências culturais.[175]

Na perspectiva de Freud, nada parece caracterizar melhor a civilização do que as elevadas atividades mentais dos seres humanos, sejam elas intelectuais ou artísticas, bem como o valor atribuído às ideias em suas vidas. Entre essas ideias destacam-se os sistemas religiosos; ao lado deles as especulações filosóficas e, por último, as construções ideais dos homens, que podem ser consideradas fortes necessidades, especialmente numa minoria. E independentemente do julgamento de valor das ideias em apreço, se são equivocadas ou não, é necessário reconhecer que sua existência já evidencia um elevado grau de civilização.[176]

O último traço característico da civilização enfatizado por Freud diz respeito ao modo como são reguladas as relações dos homens entre si, ou seja, as relações sociais, que dizem respeito ao indivíduo enquanto vizinho, colaborador, como objeto sexual de outro, como integrante de uma família ou do Estado. O elemento cultural surge com a primeira tentativa de regular as relações entre os homens, pois não havendo essa tentativa, tais relações estariam sujeitas ao desejo arbitrário dos indivíduos, de sorte que os mais fortes as determinariam conforme seus interesses particulares. Com o escopo de evitar a "lei dos mais fortes" o desenvolvimento da civilização culminou no estabelecimento de uma ordem legal, para a qual todos contribuíram com uma certa quantidade de sacrifício pulsional – a liberdade irrestrita pela segurança social. Isso posto, a sociedade civil só conseguiu consolidar-se quando uma maioria mais forte do que qualquer indivíduo foi capaz de sobrepujar os interesses individuais. E a essência da substituição do poder do indivíduo pelo poder da comunidade está no fato dos membros da sociedade limitarem seu acesso à gratificação, enquanto que o indivíduo isoladamente não conhecia tal restrição.[177]

Na visão de Freud, a liberdade não representa um bem cultural, pois ela era maior antes do estabelecimento de qualquer civilização. Todavia, ela não tinha muito valor porque o indivíduo não dispunha de condições para defendê-la adequadamente. Em decorrência da evolução cultural a liberdade experimentou restrições e a justiça exige que ninguém escape a elas. As ações que numa comunidade humana é considerado como impulso à liberdade pode ser a revolta contra uma injustiça presente, e contribuir para a evolução da sociedade, sendo compatível com a civilização, mas também pode surgir de restos da personalidade original, não domada pela civilização, e dessa maneira tornar-se o fundamento da hostilidade à civilização. Os restos da personalidade original podem ser observados em todos os comportamentos considerados antissociais, como no estupro, no assassinato, no roubo, na tortura, na opressão física e psicológica, e em todos comportamentos hostis à ordem social. Isso posto, para Freud, é improvável que mediante alguma influência seja possível levar o homem a transformar sua natureza pulsional, uma vez que ele sempre defenderá sua liberdade individual em detrimento da vontade coletiva. Aliás, boa parte da luta da humanidade se concentra em torno da tarefa de achar um equilíbrio adequado entre as exigências individuais e as da sociedade.[178]

Apesar de todos os sofrimentos que a civilização pode vir a infligir nos indivíduos, ela só pôde consolidar-se sobre a renúncia dos impulsos primitivos e irracionais dos seres humanos. Tal frustração está presente no amplo âmbito dos vínculos sociais entre os homens e representa a principal causa da hostilidade que a civilização precisa combater. No entanto, ao privar os seres humanos da satisfação de suas pulsões a civilização pode fornecer as condições para o surgimento de graves distúrbios psíquicos, dentre os quais a psicose e a neurose.[179]

Freud não concebe a civilização como o resultado de um complexo processo social, mas primordialmente como o efeito do recalcamento e da sublimação das pulsões. O objetivo do recalcamento é evitar o risco extremo que o ego correria ao satisfazer inteiramente e diretamente a exigência pulsional. A satisfação imediata e total das pulsões destruiria, por seu descontrole, o equilíbrio do aparelho psíquico, e isso inevitavelmente redundaria na perversão, na animalidade e na barbárie. Por isso, quanto mais rigorosa for o recalcamento das pulsões tanto maior será o desenvolvimento civilizacional. E posto que a capacidade para a sublimação é restrita a alguns indivíduos privilegiados e que o recalcamento intensivo das pulsões sem o mecanismo da sublimação pode conduzir à formação das neuroses, conclui-se que o desenvolvimento da civilização tem de implicar no aumento das neuroses. Estas, por conseguinte, são o preço que a humanidade precisa pagar pela evolução civilizacional.

Em sua obra *Totem e Tabu* (1913), Freud demonstra, com base na análise da vida de povos antigos (a partir dos estudos antropológicos vigentes em sua época), como o horror que os indivíduos sentem pelo incesto é que determina a sua organização social e suscita uma série de normas e proibições. Além do interdito do incesto, existe o que se refere à conduta canibal e o ato de assassinar.

Freud conjectura que nos primórdios da humanidade, os homens habitavam em pequenas hordas, cada qual submetida ao poder arbitrário de um macho que se apropriava de todas as fêmeas. Em certo momento, os filhos da tribo, rebelando-se contra o pai, eliminaram o reino da horda selvagem, e numa atitude de violência coletiva, mataram o pai e comeram o seu corpo. E tratando-se de selvagens canibais, era plausível que devorassem o pai. Todavia, depois do parricídio os filhos sentiram-se culpados, renunciaram sua má ação e, por conseguinte, inventaram uma nova ordem social. A nova ordem social estabeleceu ao mesmo tempo a *exogamia*, que consiste na renúncia à posse das mulheres do clã do totem e na obrigação do casamento com as mulheres de outros clãs; e o *totemismo*, baseado na proibição do assassinato do substituto do pai (o totem).[180]

Na primeira fase da civilização humana, a saber, a do totemismo, já havia a proibição veemente da escolha incestuosa de objeto, do parricídio e do canibalismo, que na visão de Freud, constituiu o início das organizações sociais, das restrições morais e das concepções religiosas. A análise do assassinato do pai da horda primitiva, devorado pelos filhos, animados por um desejo incestuoso, surge de uma tentativa impressionante de Freud de articular num único eixo a significação dos três grandes interditos ou tabus da humanidade: o incesto, o assassinato e o canibalismo.

Com efeito, é pertinente relacionar tais tabus com o *complexo psicológico* pelo qual todo ser humano passa entre os 3 e os 5 anos de idade, chamado por Freud de *complexo de Édipo*. Ele define o complexo de Édipo como a concentração na mãe dos desejos sexuais por parte do menino, ao mesmo tempo em que este nutre sentimentos hostis em relação ao pai. Por volta da mesma época em que a mãe se torna objeto de desejo sexual, já se inicia no menino o trabalho psíquico do recalcamento, que oculta dele o conhecimento de uma parte das metas sexuais. O menino desenvolve então um sentimento de proteção em relação a mãe, na presença da qual procura apresentar-se como um indivíduo forte e grande como o pai. Nesse sentido, ele começa a se comportar como um amante, e muitos meninos chegam a declarar que irão se casar com a mãe quando crescerem, e alguns até exibem o órgão genital numa tentativa explícita de sedução. Decerto, isso contrapõe o menino ao pai, em relação ao qual ele sente simultaneamente hostilidade e admiração. À vista disso, a primeira escolha objetal do ser humano é de natureza incestuosa, voltando-se no caso do menino, para a mãe e para a irmã, por isso a mais severa proibição é necessária para impedir que essa propensão infantil atuante se concretize na realidade.[181]

O complexo de Édipo desaparece com o *complexo de castração*, que constitui o sentimento inconsciente de ameaça de castração experimentado pela criança quando ela constata a diferença anatômica entre os sexos. O menino, então, reconhece na figura paterna o principal empecilho à realização de seus desejos incestuosos. Depois do surgimento do complexo de castração ele abandona o investimento libidinal feito na mãe e evolui para uma identificação com o pai. A atitude da menina é a mesma, mas com os termos invertidos[182]: atraída pelo pai ela entra em competição como a mãe de quem possui ciúmes como rival. Mas se o conflito edipiano for solucionado a menina identifica-se sexualmente com a mãe, e desenvolve a arte de seduzir. Depois de tentar suplantar a mãe junto ao pai, a menina torna-se sua amiga e, tendo se identificado com sua feminilidade, passa a exercer a sua sedução em relação a outros homens.[183]

Na superação do complexo de Édipo, os indivíduos adquirem a possibilidade de efetuar uma eleição de objeto não incestuoso, aplicando ao mesmo tempo, as tendências pré-genitais apenas para obter o prazer preliminar ao orgasmo, sendo os genitais os únicos órgãos que regem a sexualidade, ao mesmo tempo em que assumem um papel crucial na reprodução. Além disso, existe outra peculiaridade do complexo edipiano que merece ser abordado, qual seja, o *complexo de Édipo invertido*, que ocorre quando o objeto do desejo sexual é o genitor do mesmo sexo

– o pai aparece aos olhos do menino como um objeto sexual desejado, e o mesmo sucede com a menina em relação à mãe.

Na perspectiva de Freud, o complexo de Édipo não constitui um fenômeno cultural qualquer, conforme defende a *psicanálise culturalista*[184], mas é um fenômeno universal, pois ele supõe que os pacientes por ele observados representam a natureza humana em geral. Em todas as obras de Freud encontram-se referências a fatores culturais na influência dos comportamentos humanos, mas tais fatores não possuem uma importância fundamental. A cultura desempenha certa influência no desenvolvimento dos complexos psicológicos, mas ela é concebida como algo subordinado à biologia, razão pela qual o complexo de Édipo constituiria uma fase biológica inevitável do desenvolvimento sexual do ser humano. O complexo de Édipo também constitui o núcleo inconsciente de todas as neuroses e psicoses, ao redor do qual se agrupam os complexos e fantasias restantes. Por isso, de uma solução incompleta do complexo de Édipo surgem os conflitos posteriores e as variadas sintomatologias.

Para Freud, a religião, a moralidade e o senso social, que constituem os principais elementos do lado superior do ser humano, formam originalmente uma só e mesma coisa. Assim, conforme a hipótese que ele apresenta em *Totem e Tabu*, estes elementos foram filogeneticamente obtidos a partir do complexo paterno – a religião e o recalcamento moral através do processo de dominar o próprio complexo edipiano; e o sentimento social mediante a necessidade de sobrepujar a rivalidade que permaneceu entre os integrantes da geração mais nova[135]. À vista disso, o complexo de Édipo seria a expressão de dois desejos recalcados: o desejo do incesto, e o desejo de assassinar o pai, os quais estão contidos nos tabus próprios do totemismo.

Convém ainda sublinhar que para J. D. Nasio o inconsciente (sob o ponto de vista ético) identifica-se com o desejo. O desejo, por sua vez, é o inconsciente considerado do ponto de vista da sexualidade. O desejo também é uma pulsão da qual não temos consciência, que teria por objetivo ideal o prazer absoluto em uma relação incestuosa. Portanto, o desejo é o inconsciente em busca do incesto, mas além das relações incestuosas patológicas e proibidas pela lei que podem surgir numa família, o incesto seria um objetivo ideal, puramente mítico, o objetivo último e universal do desejo humano. Nasio também sustenta que sob o ângulo do inconsciente, o gozo incestuoso é a coisa mais desejada, o valor supremo, ou o bem que orienta e decide a vida de cada um dos sujeitos desejantes.[186]

Com efeito, o complexo de Édipo possui para Freud um caráter universal, uma vez que sintetiza as duas grandes proibições que fundaram todas as sociedades humanas. E o fato de o incesto ter sido proibido na maioria das sociedades, ora sob a ameaça de um castigo físico, ora através de uma proibição legal, evidenciaria categoricamente o caráter universal da proibição[187]. Pode-se assegurar, portanto, que o Édipo designa tanto o complexo psicológico da primeira infância como mito fundador da sociedade, sobre o qual repousa a doutrina psicanalítica como elucidação das relações do ser humano com suas origens e sua genealogia familiar e histórica.

Depois que o homem primitivo estabeleceu o princípio da exogamia e descobriu que estava em suas mãos melhorar a sorte da Terra através do trabalho, não podia ser diferente o fato de alguém trabalhar em associação com ele ou contra ele. Desse modo, um outro indivíduo adquiriu a seus olhos o valor de um colaborador com o qual seria útil compartilhar a vida. Em sua pré-história antropoide, ele havia adotado o hábito de construir famílias, e os membros da família foram provavelmente os seus primeiros colaboradores. Freud também conjectura que a formação da família se relacionou com o fato de a necessidade sexual estabelecer-se de maneira permanente, de modo que o macho teve um importante motivo para permanecer perto da mulher, que era o seu principal objeto sexual. As fêmeas, por sua vez, não desejavam separar-se de sua prole desamparada. Elas ainda precisavam ficar próximas do macho que podia garantir o sustento e a proteção da família. A vida em comum teve então um duplo fundamento: a compulsão ao trabalho, gerada pela necessidade, e o poder do amor. Sendo assim, *Eros* e *Ananke* (Amor e Necessidade) tornaram-se os pais da cultura humana.[188]

Em relação a este assunto, convém frisar que o núcleo das noções de *Eros* e *Ananke* já está presente no pensamento político de Aristóteles (384-322 a.C.). Em sua tentativa de explicar a origem da família, o filósofo grego sustenta que as primeiras uniões entre as pessoas, oriundas de uma necessidade natural, são aquelas entre seres incapazes de existir um sem o outro. Além disso, a união do homem e da mulher tem por objetivo a perpetuação da espécie, a qual só é possível através do ato sexual. Ele também sustenta que a comunidade de várias famílias, formada para a satisfação de algo mais que a simples necessidade diária, constitui um povoado. A comunidade constituída de vários povoados é a cidade definitiva, que surge depois de atingir o ponto de autossuficiência completa. E mesmo tendo possibilidade de assegurar a vida de seus membros, a comunidade política não se limita a essa condição, já que ela passa a existir para lhes proporcionar uma vida melhor.[189]

Embora o ser humano não possa ser concebido como uma criatura social, um animal cívico, que espontaneamente procura manter relações pacíficas e desinteressadas com os seus semelhantes, Freud supõe que o primeiro êxito cultural consistiu em que um grande número de pessoas foi capaz de viver em comunidade. E uma vez que os Eros e Ananke atuavam em conjunto, era previsível que a evolução posterior ocorresse de maneira favorável, em direção a um domínio cada vez melhor sobre o mundo externo, bem como a ampliação do número de indivíduos abrangido pela comunidade. Eros e Ananke seriam então os verdadeiros pais da civilização humana, capazes, num primeiro momento, de unir os indivíduos em comunidades cada vez maiores e, concomitantemente, ampliar seu domínio sobre a natureza.[190]

Conforme a análise de Freud, o amor que fundou a família continua ativo da civilização, tanto no seu aspecto original, em que não se rejeita a satisfação sexual imediata, como em sua modificação, ou seja, o *amor inibido na meta*, que se transforma em ternura. Normalmente, chama-se de "amor" a relação entre homem e mulher, que fundam uma família tendo por base as suas necessidades genitais. Todavia, também são designados de amor os sentimentos positivos entre pais e filhos, entre os irmãos numa família etc., embora este amor seja inibido em sua meta genital, manifestando-se como ternura. Tanto o amor genital como o amor inibido na meta, vão além da família e estabelecem novas uniões com pessoas antes desconhecidas. O primeiro tipo de amor conduz à formação de novas famílias ao passo que o segundo tipo conduz à formação de amizades, que culturalmente se tornam importantes, porque escapam das várias limitações impostas ao amor genital[191]. À vista disso, o termo genérico "amor" que é atribuído ao amor genital entre homem e mulher, aos sentimentos envolvidos na relação entre parentes consanguíneos e demais membros da sociedade, em sua gênese é sempre amor sexual, mesmo que se manifeste como amor inibido em sua finalidade.

Apesar do amor sexual constituir para Freud o protótipo da satisfação e da felicidade não é possível basear a vida em sua busca. Somente uma minoria das pessoas, sobretudo em decorrência de sua própria constituição, consegue obter a satisfação nessa via, mas somente depois de operar fortes modificações mentais em relação à função do amor. Assim, o que produzem em si mesmas não possui muita semelhança exterior com a vida amorosa genital de onde naturalmente deriva. Nessa utilização do amor Freud menciona o frade católico São Francisco de Assis (1182-

1226) como aquele que conseguiu avançar nessa utilização sublimada do amor, visando o sentimento interior da felicidade[192]. Sabe-se que Francisco de Assis fundou a ordem mendicante dos *Frades Menores*, mais conhecida como *Ordem dos Franciscanos*. Ele era movido pela crença de que o Evangelho devia ser seguido literalmente, em imitação da vida de Jesus Cristo, que na sua visão consistia em viver em obediência exclusiva à Deus, em castidade absoluta, sem a posse de nenhum bem material, e na total devoção às necessidades dos mais pobres. No entanto, Freud sustenta que a concepção da ética cristã, que consiste no amor universal aos homens e ao mundo, conforme São Francisco de Assis esforçou-se por praticar, não seria possível (ao menos para a maioria dos seres humanos) nem justo.

Haja vista que as pessoas em geral não possuem quantidades ilimitadas de energia psíquica, é preciso que elas deem conta de suas tarefas cotidianas mediante uma adequada distribuição da libido. A energia psíquica que os homens empregam em atividades culturais, na sua maior parte retiram das mulheres e da vida sexual. É manifesto também que muitos indivíduos que se entregam a muitas horas de trabalho, ou a alguma outra atividade que absorva parte significativa de energia libidinal, terá muita dificuldade em manter seu apetite sexual num nível mais elevado. Desse modo, a assídua convivência social com homens e sua dependência de sua relação com eles o afastam de seus deveres como marido e pai. Além disso, a estrutura econômica da sociedade também influi sobre a medida de liberdade sexual remanescente. A cultura segue a coação da necessidade econômica, porquanto precisa retirar da sexualidade uma elevada cota de energia psíquica.[193]

Com o intuito de levar a cabo a missão de restringir a vida sexual dos indivíduos, Freud sustenta que a civilização também precisa desaprovar com veemência as manifestações da vida sexual infantil, já que que não existe como represar os desejos sexuais dos adultos e deslocá-los para as atividades culturais, sem um trabalho preparatório na infância. Nesse aspecto, a cultura se comporta em relação a sexualidade infantil como uma tribo ou camada da população que submeteu uma outra à sua exploração, pois o medo de uma revolta dos oprimidos conduz a rigorosas medidas de precaução.[194]

11

Agressividade e guerra

Nas suas pesquisas psicológicas, Freud dedica um espaço significativo para o mal na constituição psíquica do ser humano e, com o intuito de apoiar sua tese, ele não se apoia em qualquer hipótese filosófica sobre da natureza humana, pelo contrário, ele lança mão da própria experiência da humanidade. Para Freud, as pessoas costumam negar que o ser humano é naturalmente uma criatura hostil, em vez disso, preferem sustentar que é uma criatura ávida de amor, e que no máximo pode se defender quando atacado. Entretanto, é inegável que o ser humano deve possuir entre as suas pulsões uma forte inclinação à agressividade. Sendo assim, o próximo não constitui para o ser humano somente um possível colaborador e objeto sexual, mas também uma tentação para satisfazer sua tendência natural para a agressividade. O ser humano também é tentado a explorar o trabalho de seu semelhante sem recompensá-lo, utilizar sexualmente o seu corpo contra a sua vontade, usurpar seu patrimônio, humilhá-lo, infligir-lhe dor, torturá-lo, e finalmente matá-lo[195]. Tais comportamentos, que são considerados contrários à manutenção de uma vida social pacífica e civilizada, constituem a manifestação concreta e inequívoca de tendências inatas presentes em todos os seres humanos.

Outrossim, Freud menciona a famosa frase *homo homini lupus* do filósofo Thomas Hobbes (1588-1679) que significa "o homem é o lobo do homem" a fim de corroborar seu ponto de vista acerca da condição humana, e assegura que a vida e a história da humanidade provam que a frase de Hobbes é inquestionável[196]. À vista disso, a asserção de muitos de que o ser humano é uma criatura branda e sociável constituiria não somente uma negação da concepção hobbesiana, mas uma recusa a levar em consideração a evidência de que a agressividade e a crueldade são intrínsecas ao gênero humano.

As concepções de Freud sobre a natureza agressiva do ser humano subscrevem em grande medida as ideias veiculadas por Hobbes na sua obra *Leviatã*. Para o filósofo inglês, o ser humano no estado de natureza está totalmente livre para fazer o que lhe apetece, por isso ele lança mão de todos os recursos disponíveis para realizar os seus desejos, que normalmente são egoístas e hostis. Isso posto, por uma tendência natural o ser humano age motivado pelos seus próprios interesses, e mesmo quando pratica uma ação voluntária em benefício do seu próximo, ele busca na verdade algum benefício particular. E numa situação onde não há um poder comum capaz de estabelecer limites para a ação humana e garantir a preservação da vida e dos bens de cada um, a solução dos conflitos tende à guerra de todos contra todos. Pode-se assegurar, então, que no estado de natureza todas as ações são possíveis, porque não existem regras que impeçam os homens de tomar o que não é seu, nem regras que os impeçam de infligir dor aos seus semelhantes[197]. Nesse sentido, o convívio social entre os homens não teria surgido de uma inclinação natural, nem é aprazível, mas é o resultado de uma convenção em que os homens se refugiam daquele estado de guerra generalizada, evidenciando a necessidade da criação do Estado a partir de um *contrato social*.[198]

Freud sustenta que em circunstâncias favoráveis, quando as forças psíquicas que normalmente controlam as inclinações egoístas e destrutivas do ser humano estão ausentes, essas se manifestam de maneira espontânea, e revela o ser humano como uma besta selvagem que não preserva a vida dos membros da sua própria espécie. Ele também traz à baila alguns eventos históricos marcados pela extrema crueldade a fim de reforçar seu argumento em prol da existência do mal na constituição psíquica do ser humano: as migrações dos diversos povos; as invasões dos Hunos; as invasões dos mongóis sob a égide de Gêngis

Khan e Tamerlão; a conquista de Jerusalém pelos cruzados; e as atrocidades cometidas na Primeira Guerra Mundial.[199]

No que tange ao comunismo, Freud censura o erro dessa ideologia por acreditar ter descoberto o caminho para livrar a humanidade de todos os seus males, e estabelecer na terra uma espécie de paraíso. Freud também manifesta uma tenaz rejeição ao comunismo em virtude de sua ignorância acerca da natureza humana, uma vez que o comunismo aspira por uma sociedade onde as pessoas viverão juntas pacificamente, o que seria inexequível. O comunismo também espera, no curso de algumas gerações, alterar a natureza humana de tal modo que as pessoas viverão juntas quase sem atrito na nova ordem da sociedade e que elas assumirão as tarefas do trabalho sem qualquer coerção. Nesse meio tempo, ele muda para algum outro setor as restrições pulsionais que são essenciais na sociedade; desvia para o exterior as tendências agressivas que ameaçam todas as comunidades humanas e apoia-se na hostilidade do pobre contra o rico e na hostilidade daquele que até então esteve impotente contra os governantes anteriores. Não obstante, uma transformação da natureza humana como o comunismo pretende é altamente improvável.[200]

Na visão de Freud, o comunismo defende que o ser humano é naturalmente bom para com o seu próximo, mas a instituição da propriedade privada corrompeu a sua boa natureza. A propriedade privada confere poder ao indivíduo e, por conseguinte, a tentação de molestar o seu próximo, ao passo que o homem excluído de posses materiais está destinado a se rebelar hostilmente contra o seu opressor. E se porventura a propriedade privada fosse extinta, e as riquezas distribuídas igualmente, a má vontade e a hostilidade desapareceriam entre os seres humanos. E caso as necessidades de todos fossem satisfeitas, ninguém teria motivos para encarar o próximo como seu inimigo.[201]

No entanto, Freud aventa que as premissas psicológicas em que o sistema comunista se fundamenta correspondem a uma ilusão insustentável, pois ao abolir a propriedade privada o comunismo pode até privar o gosto humano pela agressão, porém, de maneira alguma é capaz de alterar a sua natureza. Portanto, a agressividade não teria sido criada pela propriedade privada, porque ela reinou de maneira quase irrestrita nos tempos primitivos, quando a propriedade ainda era insignificante[202]. Aliás, Freud diz que a agressividade se manifesta na vida das crianças, antes que a propriedade tenha abandonado sua forma anal e primária e constitui a base de toda relação de afeto e amor entre as pessoas.

Freud ainda sustenta que o desenvolvimento civilizacional impôs um controle cada vez maior sobre as pulsões, possibilitando ao indivíduo civilizado vigiar seu próprio comportamento de modo muito mais rigoroso do que no passado. Contudo, isso não ocorreu em virtude de um genuíno progresso moral, mas pela atuação da repressão que a civilização impõe sobre as pulsões. Com efeito, a civilização não é a solução para todos os males da humanidade, mas certamente constitui o mal menor. E não elimina, mas somente alivia a infelicidade do ser humano.

A segunda teoria das pulsões foi exposta e reafirmada por Freud numa carta que foi endereçada ao eminente físico Albert Einstein (1879-1955). No ano de 1931 o *Instituto Internacional para a Cooperação Intelectual* foi orientado pelo *Comitê Permanente para a Literatura e as Artes* da Liga das Nações a realizar um intercâmbio de correspondências entre importantes intelectuais da época sobre assuntos destinados a servir aos interesses tanto da Liga das Nações como dos intelectuais em geral. Quando Albert Einstein foi convidado a participar do projeto sugeriu imediatamente o nome de Sigmund Freud. Assim, em junho de 1932 o secretário do instituto em apreço escreveu para Freud e o convidou a participar da comunicação com Einstein, e aquele aceitou prontamente o convite. A carta de Einstein intitulada *Por que a guerra?* foi escrita em 30 de junho e chegou até Freud no início de agosto, e no mês de setembro sua resposta já estava concluída[203]. Dentre os questionamentos feitos por Einstein a Freud, um deles merece destaque: "é possível controlar a evolução da mente do homem, de modo a torná-lo à prova das psicoses do ódio e da destrutividade?"[204]. Em outras palavras, Einstein desejava saber do pai da psicanálise se em termos psicológicos será possível à humanidade superar definitivamente o absurdo e a irracionalidade da guerra.

Em resposta ao famoso físico, Freud assegura, entre outras coisas, que as pulsões inerentes ao gênero humano são de duas espécies: a pulsão que tende a conservar e a unir; e a pulsão que tende a destruir e a matar. Todavia, ambas as pulsões são igualmente importantes, pois os fenômenos da vida dependem do seu concurso e da sua oposição. À vista disso, a pulsão de um tipo quase nunca pode agir de modo isolado porque está sempre ligada a certa acumulação da contraparte, que modifica a sua meta, ou subordina a chegada dessa última a determinadas condições.[205]

A pulsão cuja tendência consiste em conservar e unir é de natureza sexual, mas isso não significa que não deva recorrer à agressividade para atingir a sua finalidade. A pulsão sexual, voltada para os objetos, necessita de certa quantidade de pulsão agressiva se de fato deseja tomar posse daqueles. Toda pulsão sexual comporta uma quantidade de agressividade e vice-versa. Portanto, é muito incomum que determinada ação seja obra do movimento de uma única pulsão, porque amiúde a ação humana é movida pela combinação de *Eros* e *Thanatos*.[206]

Freud também sustenta que quando os seres humanos são incitados à guerra, mormente são despertados neles uma série de motivos nobres. E quando se ouve falar das crueldades da história têm-se a impressão de que os mais nobres ideais serviram de pretexto aos desejos de destruição. E tendo em vista as atrocidades praticadas pela Igreja Católica no período da Inquisição é como se os motivos religiosos tivessem assomado a um primeiro plano na consciência, enquanto que os destrutivos lhes emprestassem um reforço inconsciente.[207]

É manifesto que as atrocidades mais bárbaras e insanas foram cometidas não somente em nome de Deus, mas também em nome do ateísmo, em nome da ciência e até mesmo em nome da humanidade, porém, o que estava na raiz dessas ações era a pulsão de morte. Sendo assim, muitas crueldades praticadas no decorrer na história humana foram movidas pelo puro desejo inconsciente de destruição, embora fossem frequentemente justificadas (ou racionalizadas) com os argumentos mais nobres e sensatos.

Para Freud, a pulsão destrutiva está presente no interior de todo ser humano e o seu escopo é reconduzir a vida à condição de matéria inanimada. Nesse sentido, uma parte dessa pulsão pode voltar-se contra o próprio indivíduo, ou pode se transformar em ações destrutivas quando, com o auxílio de determinados instrumentos, se volta contra os objetos exteriores. Por isso, Freud também acha conveniente atribuir a essa pulsão a denominação de pulsão de morte, ao passo que a pulsão sexual representaria os esforços em direção à vida. Disso conclui-se que seria inútil toda a tentativa de eliminar definitivamente as inclinações agressivas dos homens.[208]

Com tal posicionamento Freud já oferece uma resposta ao questionamento de Einstein, mas sua resposta é um tanto ou quanto negativa, ou seja, na visão psicanalítica não seria possível "controlar a evolução da mente do homem, de modo a torná-lo à prova das psicoses do ódio e da destrutividade". Nesse sentido, evidencia-se certo pessimismo no pensamento de Freud acerca do destino da humanidade, porque as ações destrutivas e cruéis que afetam a civilização não seriam apenas fenômenos efêmeros destinados à superação no futuro, mas são acontecimentos inexoráveis e inextirpáveis.

Freud também menciona na carta endereçada a Einstein a crença de que em determinadas regiões privilegiadas da Terra, onde a natureza propicia abundantemente todos os recursos necessários ao homem, existem povos cuja vida se desenvolve em meio à tranquilidade, povos que não conhecem nem a coerção nem a agressão. Entretanto, Freud manifesta o seu total ceticismo em relação à existência de uma realidade com as características mencionadas. Além do mais, ele critica os bolchevistas, isto é, os integrantes do partido comunista russo, que esperavam ser capazes de estabelecer a igualdade entre todos os integrantes da comunidade, e fazer a agressividade humana desaparecer, através da garantia de satisfação de todas as necessidades materiais. No entanto, isso não passaria de uma nefasta ilusão, porque os próprios comunistas estão armados de maneira muito cuidadosa, e o método que empregam para manter juntos os seus correligionários é o ódio contra qualquer pessoa além das suas fronteiras. À vista disso, não haveria nenhuma forma de eliminar definitivamente os impulsos agressivos do homem, mas é possível tentar desviá-los num grau tal que não necessitem manifestar-se na guerra.[209]

Com efeito, se para Freud o desejo de aderir à guerra é uma decorrência da pulsão agressiva, a recomendação mais evidente será contrapor essa pulsão com o seu antagonista, a saber, a pulsão sexual. Desse modo, tudo o que favorece o estreitamento dos vínculos entre os homens deve também atuar contra a guerra, e a estrutura da sociedade humana em grande escala se fundamenta neles. E os vínculos podem ser de dois tipos: podem ser relações semelhantes àquelas relativas a um objeto amado, ainda que não tenham uma finalidade sexual; e podem ser semelhantes a uma identificação, pois tudo aquilo que leva os homens a compartilhar interesses importantes necessariamente produz a comunhão de sentimentos.[210]

Outrossim, Freud assevera que os homens possuem a tendência a se classificarem em dois grupos distintos: o grupo dos líderes e o grupo dos seguidores. Os seguidores constituem a ampla maioria, e necessitam de uma autoridade que tome decisões em seu lugar, em relação à qual eles devotam amiúde uma submissão irrestrita. Por essa razão, é necessário conferir mais atenção à educação da camada superior dos homens, os quais estariam destinados à liderança efetiva das massas. Tais homens mormente são dotados de uma mentalidade independente, não passível de intimidação e desejosa de manter-se fiel à verdade. Por isso, eles são os únicos capazes de conduzir as massas dependentes para o bem comum. Entretanto, as usurpações cometidas pelo poder executivo do Estado e as proibições estabelecidas pela

Igreja Católica contra a liberdade de pensamento, são exemplos de atitudes que não favorecem a formação de uma classe de homens esclarecidos. Isso posto, a situação ideal para a eliminação da guerra consistiria na subordinação da pulsão agressiva ao domínio da razão. E ainda que entre os homens não haja vínculos afetivos, nada mais pode uni-los de forma tão plena como a capacidade da razão de controlar as pulsões.[211]

Para Freud, razão faz parte das forças das quais se pode esperar uma influência unificadora sobre os homens, pois a melhor esperança para a humanidade é que a razão adquira com o passar do tempo o supremo domínio na vida psíquica. Todavia, o domínio da razão sobre a vida psíquica é um mero ideal, e pressupõe um grau de desenvolvimento que é relativamente raro na humanidade, posto que a grande maioria dos indivíduos é mais governada pelas pulsões do que pela razão. À vista disso, a condição ideal para que a humanidade supere todas as suas mazelas, principalmente a guerra, consiste em subordinar as pulsões do id ao domínio da razão.

Freud sustenta ainda que na massa o indivíduo é colocado sob condições que lhe permitem se livrar de todos os recalcamentos e manifestar seus desejos inconscientes, que representam tudo o que há de cruel na alma humana. O indivíduo na massa não passa de um bárbaro, onde ele manifesta espontaneamente a violência e a ferocidade que caracterizam os seres primitivos. E ao se fundir na massa o indivíduo experimenta a diminuição de sua capacidade intelectual. A massa mormente é impulsiva, instável e irritável. Ela vai logo ao extremo, de modo que um germe de antipatia pode se transformar num ódio selvagem e irracional. Além disso, na massa todas as inibições individuais e todos os impulsos cruéis, brutais e destrutivos, que dormitam no indivíduo como restos dos tempos primitivos, são despertados para a livre satisfação das pulsões. Não obstante, tão logo certo número de seres humanos se reúne numa multidão, eles inconscientemente se colocarão sob a autoridade de um chefe, ou de uma autoridade que tome decisões em seu lugar. A massa, portanto, é um rebanho obediente, que não pode prescindir de um líder. Se este é o caso, caberia à camada superior dos homens, que é dotada de uma mentalidade independente, liderar as massas e conduzi-las a um comportamento ético superior. Porquanto, sob a influência da sugestão, as massas também são capazes de atos elevados de renúncia, altruísmo e dedicação a um ideal.[212]

Na perspectiva de Freud, durante um longo período de tempo a humanidade passou por um processo de evolução civilizacional. E foi em virtude desse processo que a humanidade obteve o melhor daquilo em que se tornou, bem como uma boa parte daquilo de que padece. As transformações psíquicas que acompanham o processo de civilização são inquestionáveis, as quais consistem num progressivo deslocamento dos fins pulsionais, e numa restrição imposta à pulsão agressiva. Desse modo, determinadas sensações que para os homens primitivos eram agradáveis tornaram-se intoleráveis para a maioria dos homens civilizados, e tais modificações ocorreram em decorrência dos ideais morais e estéticos cultivados pela civilização.[213]

Freud ainda enfatiza duas importantes características psicológicas da civilização: o fortalecimento do intelecto, que possui a capacidade de governar a vida pulsional; e a contenção da pulsão agressiva com todas as suas consequentes vantagens e perigos para a civilização. Por essa razão, a guerra representaria a mais evidente oposição contra a atitude psíquica que foi infundida pelo processo civilizacional, e os homens pacifistas não podem jamais se conformar com ela.[214]

Foi a propósito da guerra que Freud revelou o seu mais decidido compromisso pacifista, uma vez que a guerra lhe parecia ser a principal crise a assaltar o ideal cultural construído no ocidente. A guerra era a catástrofe que atingia o cerne do homem civilizado, e poderia ser perfeitamente o sintoma mais visível da agressividade no plano coletivo. Por isso, Freud pode ser justificadamente incluído na corrente pacifista que marcou uma parcela da intelectualidade europeia do seu tempo.

Freud conclui então sua carta em resposta ao físico Albert Einstein de maneira muito sóbria e sem manifestar qualquer entusiasmo em relação à completa extinção da guerra. Apesar disso, ele assegura que tudo o que estimula o desenvolvimento da civilização trabalha concomitantemente contra a guerra.[215]

12

A cientificidade da psicanálise

É manifesto que Sigmund Freud considerava o trabalho com seus pacientes ao mesmo tempo como tarefa terapêutica e como investigação científica. Aliás, ele concebia que a clínica oferecia descobertas que não se limitavam a um determinado paciente, mas podiam ser inscritas numa teoria geral do psiquismo humano. Objeções de natureza metodológica e epistemológica foram suscitadas contra a forma pela qual Freud obtinha os dados que sustentavam suas conclusões e contra o caráter especulativo de suas teorias.

Nos anos iniciais do século XX houve uma intensa e efetiva contestação da cientificidade da psicanálise. Tal contestação advinha amiúde de psicólogos, filósofos e médicos. Mas, pode-se dizer que a rejeição contra a psicanálise teve início desde que Freud realizou uma conferência em Viena, em 1886, na qual apresentou a teoria do trauma e da sedução das psiconeuroses. Nessa ocasião suas teorias foram consideradas "um conto de fadas científico" pelo eminente Richard von Krafft-Ebing (1840-1902), que escrevera uma obra de referência no campo da sexologia chamada *Psicopatia Sexualis*[216]. Além do mais, quando Freud publicou em 1900 sua obra *A interpretação dos sonhos* (1900) o não reconhecimento científico persistiu a ponto de seu tratado ser considerado um trabalho fantasioso sobre os sonhos e não uma teoria científica.

Subsequentemente, as críticas epistemológicas lançadas contra a cientificidade da psicanálise, tornaram-se mais radicais e sofisticadas. É o que sustentam as duas correntes mais hegemônicas de filosofia da ciência atuais, quais sejam, o *empirismo lógico* e o *racionalismo crítico* de Karl Popper (1902-1994).

O empirismo lógico teve sua origem e esplendor no período compreendido entre as duas guerras sob o impulso de um grupo de filósofos e cientistas denominado de *círculo de Viena*: Moritz Shilick (1882-1936), Otto Neuratth (1882-1945), Rudolf Karnap (1891-1970), Ernest Nagel (1901-1985) etc. Em linhas gerais, a sua linha filosófica é muito próxima da de David Hume (1711-1776), pelo seu empirismo radical e sua recusa da metafísica entendida como um sistema de conhecimentos situados além da experiência sensível.[217]

A crítica que deriva de Ernest Nagel, por exemplo, sustenta que a psicanálise não é uma ciência porque seus conceitos não são "operatórios", quer dizer, eles são mal definidos e confusos. E com base neles são elaboradas teses que pecam por serem inverificáveis pelo método científico, o qual é identificado pelo *método experimental*[218]. Conforme o empirismo lógico, a condição para legitimar e reconhecer cientificamente um enunciado teórico seria a possibilidade de verificá-lo empiricamente. De outra forma, os enunciados não seriam dotados de sentido. À vista disso, o que se colocava para a psicanálise era a impossibilidade de verificação dos enunciados metapsicológicos: não seria possível deduzir nada de preciso das noções energéticas da teoria psicanalítica, as quais eram consideradas vagas e metafóricas. Isso posto, para os epistemólogos oriundos do empirismo lógico, a psicanálise não constitui uma ciência, porque uma ciência, na acepção da palavra, deveria explicar e prever certos fenômenos observáveis, satisfazendo as mesmas regras lógicas de uma ciência natural, como a física. Enfim, a psicanálise deveria ser capaz de validação empírica, precisaria deduzir de suas proposições determinadas consequências passíveis de controle experimental.[219]

Karl Popper é outro expoente da filosofia da ciência que questionou a cientificidade da psicanálise, mas ele levou em consideração não a *verificabilidade* de uma determinada teoria, conforme propõe o empirismo lógico, mas sua *falseabilidade*. A crítica de Popper foi apresentada em diversas obras, das quais a mais significativa foi a *Lógica da pesquisa científica* (1933). Ele sustenta basicamente que só reconhece um sistema como empírico ou científico se ele for passível de comprovação pela experiência. Tais considerações sugerem que deve ser tomado como critério de *demarcação* não a verificabilidade, mas a falseabilidade de um sistema. Noutros termos, Popper não exige que um sistema científico seja suscetível de ser dado como válido em *sentido positivo*, mas ele exige que sua forma lógica seja tal que se torne possível validá-lo através de provas empíricas, em *sentido negativo*: deve ser possível refutar, pela experiência, um sistema científico empírico.[22]

Na visão de Popper, os enunciados da psicanálise não são científicos, porque não podem ser falseados, posto que nenhum comportamento humano daria margem para refutá-los. Para ele, o que torna científico um enunciado é a possibilidade de ser falseado, o que significa que a hipótese não somente deve estabelecer uma relação de causa e efeito, concomitância ou dependência entre A e B, mas ainda supor meios mediante os quais ela mesma poderia ser desmentida. Caso se realize o experimento assim concebido e a relação não seja invalidada, a hipótese que a sustenta pode ser considerada provisoriamente verdadeira: ela é verdadeira até que uma hipótese mais consiste seja capaz de impor-se. No que tange à psicanálise, Popper aventa que nela a existência de hipóteses que resistam as tentativas de falseá-las é impossível, pois uma tese que sustenta que todo comportamento humano é determinado por motivações inconscientes, seria tão geral que não é possível ser contradita.[221]

No entender de Popper, uma teoria só pode ser considerada propriamente científica se ela for suscetível de ser refutada pela experiência. A testabilidade, portanto, é a condição *sine qua non* de toda teoria com pretensões de cientificidade, de modo que, se a física é uma verdadeira ciência, é porque ela faz predições, que a princípio pode contradizer. Tal vulnerabilidade, longe de representar um defeito, impõem-se como uma grande vantagem, já que permite a eliminação dos erros. A psicanálise, por sua vez, padeceria de um grande defeito: os fatos a confirmam sempre. À vista disso, Popper sustenta que é a *refutabilidade* que constitui o verdadeiro critério de demarcação entre o científico e o não científico. A psicanálise não seria uma ciência simplesmente porque é irrefutável. A estrutura mesma de suas teorias confere a ela o poder de ser inverificável. E como a psicanálise não consegue se submeter ao critério da falseabilidade, não pode aspirar ao estatuto de cientificidade. Além disso, falta à psicanálise a honestidade científica, pois ela se entrincheiraria de antemão contra toda tentativa de falsificação graças a um arsenal de hipóteses *ad hoc*, aceitas sem nenhuma confirmação experimental, real ou possível, para assegurar a coerência de suas teorias. Ela supõe o recurso permanente a uma hipótese *ad hoc* pretendendo que todo adversário ou todo paciente reticente seja inspirado por um *recalque* ou por uma *resistência* qualquer que o impede de crer em sua eficácia e em seu valor.[222]

Entretanto, na perspectiva de Hilton Japiassu (1934-2015), pode-se perfeitamente rejeitar o critério de cientificidade proposto tanto pelo empirismo lógico quanto pela teoria de Popper, e sustentar que (dentre as várias disciplinas que estudam os fenômenos humanos) a psicanálise constitui uma das mais científicas. Japiassu sustenta que a ciência, conforme ele a entende, se constitui com base em três critérios, os quais poderiam ser aplicados à psicanálise.

Primeiramente, uma ciência se constitui opondo-se às opiniões, a uma forma de conhecimento que se apresenta como um conjunto falsamente sistemático de juízos, de representações esquemáticas e sumárias, elaborado pela prática e para a prática, visando a traduzir as necessidades em conhecimentos e designar os objetos por sua utilidade. Noutros termos, uma ciência se constitui negando e criticando as evidências do senso comum.

Em segundo lugar, uma ciência se constitui enfrentando e denunciando criticamente as oposições e resistências que necessariamente uma disciplina nova recebe, não somente do saber preexistente, da ideologia dominante, mas do saber já constituído e institucionalizado, repleto de certezas, incapaz de questionar-se e de abrir-se ao novo.

Finalmente, uma ciência se constitui lutando contra os interesses daqueles que pretendem inicialmente, ignorá-la; em seguida, denegri-la; por fim, deformá-la para eliminar seu conteúdo inovador e subversivo.

Para Japiassu, parece ter sido esse o processo de constituição da psicanálise: ela teve de enfrentar, por parte do poder oficial, oposições, resistências e intolerâncias.

Com efeito, ela surgiu como um saber transgressor, rompendo com as evidências reinantes na psicologia da consciência e produziu uma teoria do processo de constituição de sujeitos. Além disso, a psicanálise esclareceu aos homens que eles não são entidades autônomas, que não são donos de seus pensamentos, tampouco de suas condutas.[223]

À vista disso, depois que a psicanálise trouxe à tona verdades profundas e incontestáveis acerca do funcionamento do aparato psíquico, o ser humano jamais poderá ser concebido simplesmente como um animal racional, que é plenamente capaz de autodeterminação, pelo contrário, nos termos de Freud, ele não é sequer "senhor de sua própria casa". E na contramão de toda tradição filosófica e científica, a psicanálise foi capaz de demonstrar que a consciência constitui um mero aspecto do psíquico, como a ponta de um iceberg, e não a sua totalidade. Aliás, a psicanálise teve por efeito reconstituir a imagem de homem tradicional, de modo que a ciência psíquica do inconsciente obriga às ciências em geral modificar a representação da relação do homem com o mundo e consigo mesmo.

Com o intuito de elaborar uma defesa da legitimidade científica da psicanálise pode-se partir da concepção de que, ao invés de persistir em uma perspectiva empírica e quantitativa, é exequível investir na valorização da produção de um sistema consistente e coerente de conceitos e de um método de investigação, tendo em vista o objeto por excelência da ciência em consideração, qual seja, o *inconsciente*. Essa perspectiva é viável porque nem sempre é possível para uma ciência utilizar-se do método experimental, a exemplo da arqueologia, da história, do direito, etc. Por essa razão, sublinha Joel Birman (1946-), Sigmund Freud teve de reconhecer que a psicanálise não se adequava aos cânones ou critérios neopositivistas de ciência. Isso ocorria porque os conceitos psicanalíticos fundamentais não eram passíveis de qualquer verificação laboratorial. Por exemplo, quando Freud anunciou o conceito de *pulsão de morte*, ele afirmou que se tratava de uma especulação, algo que a princípio não poderia ser empiricamente verificado. Todavia, era uma especulação da qual não poderia abrir mão, pois não era um conceito qualquer inventado arbitrariamente, pelo contrário, era um conceito bem fundado para interpretar certos fenômenos psíquicos[224]. Com base nisso, Freud sustenta que o progresso científico deve contar não somente com dados estritamente empíricos e objetivos, mas também com o desenvolvimento de conceitos.

Hilton Japiassu destaca que Freud não pode prescindir de uma teoria do conhecimento, porquanto, de uma forma ou de outra, faz uso dela. E isso na medida em que procura identificar seu objeto de estudo – o inconsciente – mediante um saber. Embora Freud instaure a psicanálise no domínio da cientificidade, não consegue evitar que ela seja confrontada com a questão dos *princípios* (epistemológicos) do seu funcionamento. Em razão disso, ele sentiu a necessidade de elaborar todo um corpo teórico, chamado de *metapsicologia*, suscetível de supervisionar a prática psicanalítica e retirar do material observado uma conceitualização.[225]

Com efeito, Freud retomou a problemática da fundamentação epistemológica da psicanálise na sua obra *Os instintos e suas vicissitudes* (1915). O objetivo de Freud tencionava oferecer uma justificativa para a metapsicologia e para a psicanálise, além de promover a difusão da nova ciência e a formação de analistas[226]. Para Freud, os conceitos da psicanálise não foram desenvolvidos a partir de especulações filosóficas, mas são o resultado direto de experiências científicas. Desse modo, Freud rebate seus opositores por negligenciarem a origem empírica das teses psicanalíticas ao alegarem que estas foram determinadas subjetivamente, em relação às quais qualquer um podia opor outras de maneira arbitrária. Além disso, Freud assevera que o seu trabalho exaustivo foi executado de maneira adequada e fundamentada, e isso se revelará no decorrer de futuros progressos da ciência.[227]

A argumentação freudiana é simultaneamente simples e clara ao sustentar a cientificidade da psicanálise, posto que ela não emprega nenhum procedimento distinto daquele realizado no campo dos demais discursos científicos. Por isso, a psicanálise deveria ter o mesmo tratamento e consideração, reservado às demais ciências. Além do mais, é preciso salientar que para Freud as ciências em geral não surgiram conceitualmente prontas. Pelo contrário, todas demoraram muito até fixarem seus conceitos fundamentais (*grundbegriffe*) e sua metodologia. E não foi pela construção clara e bem definida dos conceitos que as ciências foram estabelecidas e reconhecidas. Portanto, foi preciso que elas passassem por momentos de dúvida, até que seus conceitos fundamentais pudessem ser estabelecidos.

Freud enfatiza que frequentemente se afirma que as ciências devem ser estruturadas em conceitos básicos claros e bem definidos. Todavia, nenhuma ciência, nem mesmo a mais exata, começa com tais definições. Para ele, o verdadeiro início da atividade científica consiste antes na descrição dos fenômenos, passando então a seu agrupamento, sua classificação e sua correlação. E enquanto permanecem nessa condição, pode-se chegar a uma compreensão acerca de seu significado por meio de repetidas referências ao material de observação do qual se originaram. Isso posto, Freud defende que em certa medida as ciências em geral pertencem ao âmbito das convenções. Todavia, tais convenções não devem ser arbitrariamente escolhidas, mas devem possuir relações significativas com o material empírico, antes de se poder reconhecê-las e determiná-las claramente. E somente após uma investigação mais completa do campo de observação, é possível formular os conceitos científicos básicos com exatidão progressivamente maior, modificando-os de forma a se tornarem úteis e coerentes numa vasta área. Portanto, somente depois desse processo pode-se chegar o momento de confiná-los em definições.[228]

Ao posicionar-se dessa maneira, Freud reporta-se explicitamente ao campo das *ciências naturais* (*Naturwissenschaften*) as quais representavam os modelos teóricos incontestáveis daquilo que deveria ser uma ciência em sentido estrito, dentre elas a física, a química e a biologia. Portanto, foi em relação a tais disciplinas que Freud procurou tecer seu argumento em defesa da cientificidade da psicanálise, assegurando que, para que as ciências da natureza pudessem fixar os seus conceitos fundamentais, foi necessário um grande período de tempo até que as proposições teóricas primordiais fossem transformadas. À vista disso, o avanço do conhecimento científico não tolera qualquer rigidez, inclusive em se tratando de definições.

De acordo com a análise de Joel Birman, Freud valeu-se de diferentes argumentos para sustentar o pertencimento da psicanálise no campo da ciência. Ainda que os conceitos fundamentais da psicanálise não fossem *stricto sensu* empíricos, isso ocorreria também com os demais discursos científicos e mesmo com a física, considerada, então, como o modelo de cientificidade. Os conceitos de *matéria* e *energia*, por exemplo, seriam tão abstratos quanto o de *pulsão*, os quais estariam distantes de qualquer empiricidade. Além do mais, os conceitos fundamentais de um determinado discurso científico apenas seriam fixados definitivamente com o desenvolvimento desse discurso, como foi o caso exemplar da física, devendo ser considerados transitórios nos seus primórdios, ou seja, como hipóteses fecundas de trabalho, que poderiam ser sempre retificadas no futuro com o desenvolvimento científico. E a publicação de extensos casos clínicos, nos quais se descrevia a elucidação metapsicológica dos sintomas, visava precisamente atender à exigência de verificação formulada pelo discurso científico.[229]

Com efeito, Freud critica a exigência dos empiristas lógicos pela verificação imediata dos conceitos propostos pela psicanálise, na medida em que tal verificação poderá ser realizada posteriormente com o avanço do conhecimento científico da disciplina em questão. Além disso, Freud sustenta que o conhecimento científico não se inicia (como propõe o discurso teórico fundado no empirismo lógico) numa descrição pura dos fenômenos. Isso ocorre porque a descrição dos fenômenos exige uma série de ideias abstratas, as quais podem ser transformadas posteriormente nos conceitos fundamentais do discurso psicanalítico. Sendo assim, é necessário salientar que Freud não era um empirista, ou positivista na acepção filosófica do termo, pois assumia teoricamente que as ciências começam com a proposição de ideias abstratas para ordenar o campo dos fenômenos, os quais seriam incompreensíveis sem a existência de tais ideias.

A reivindicação de Freud consistia no desejo de que filósofos, psicólogos e homens de ciência em geral, tivessem em relação à psicanálise a mesma flexibilidade e paciência teóricas que tiveram seus antepassados na história da formação das diversas ciências. A psicanálise, portanto, por ser uma ciência nova estaria ainda atuando na fixação de suas bases e no enunciado de seus conceitos fundamentais como no passado já havia ocorrido com os outros discursos científicos. Além disso, para Freud os conceitos constituem meras construções teóricas, podendo ser modificados se a experiência fornecer novos dados. Por essa razão, no decorrer de sua vida Freud elaborou e modificou muitas vezes os conceitos da psicanálise.

Joel Birman esclarece que na perspectiva de Freud nenhuma ciência tem início pela descrição regular dos fenômenos. A suposta empiricidade da investigação não seria originária, pois desde o começo a descrição já se realizaria pela mediação de ideias abstratas. Tais ideias não seriam extraídas apenas da experiência empírica atual, mas a precederiam. O discurso científico, pois, não se inicia jamais como uma *tábula rasa*, como proporia o discurso teórico fundado no empirismo radical, numa modalidade de descrição pura dos fenômenos. Isso porque a descrição de qualquer fenômeno seria sempre permeada pela presença de ideias abstratas, marcadas ainda pela indeterminação. As mesmas ideias seriam transformadas posteriormente nos conceitos fundamentais do discurso científico, na medida em que se mostrassem eficazes na descrição de determinado campo fenomênico[230]. Através dos conceitos fundamentais, se realiza o estatuto epistêmico da psicanálise, pois a compreensão da esfera de fenômenos naturais, com que se ocupa a psicanálise, supõe a instauração de um aparelho conceitual. Os conceitos fundamentais da psicanálise são assimiláveis às noções de base postuladas por toda ciência da natureza, os quais representam construções intelectuais complementares, dotadas de um valor aproximativo, suscetíveis de uma determinação mais precisa por uma experiência acumulativa e seletiva.

Para Hans Jürgen Eysenck (1916-1997), que foi um dos maiores críticos da cientificidade da psicanálise, caberia aos cientistas duas funções complementares: formularem novas teorias para assim progredirem, e oferecerem provas da validade dessas teorias. Para ele, a contribuição de Freud foi inteiramente do primeiro tipo. Como fonte de teorias, a sua importância é inquestionável, mas haveria em Freud a incapacidade total para realizar experiências que verificassem suas hipóteses. Eysenck critica ainda a psicanálise por se opor ao trabalho experimental, bem como a concepção de que suas teorias devessem ser provadas no divã, sem experiências laboratoriais. Com base nisso, a psicanálise estaria excluída do rol das ciências simplesmente por não avançar ao estádio científico[231]. Ainda que Eysenck esteja correto em sua análise, ao apontar que os conceitos psicanalíticos prescindem de um laboratório de ciência, isso não diminuiria seu status de cientificidade.

Embora Freud reconheça que a psicanálise não é efetivamente uma ciência de acordo com os cânones vigentes na filosofia da ciência, ele ainda afirma que a psicanálise constitui uma genuína ciência, mas de uma outra ordem. Paul-Laurent Assoun esclarece um pouco essa noção ao enfatizar que na perspectiva epistemológica de Freud, a psicanálise constitui-se como uma disciplina *sui generis*, de modo que ela é instrumento exclusivo de sua realização e somente ela pode ser geradora de sua própria racionalidade. Essa posição de Freud visa obter o reconhecimento das demais ciências, a legalização de seu estatuto na comunidade científica, e ao mesmo tempo preservar sua independência em relação às demais áreas do saber, sem a necessidade de um modelo exógeno.[232]

Nas *Conferências introdutórias à psicanálise* (1616-1517), antes de expor os conceitos fundamentais da nova ciência a um público não especializado, Freud empenhou-se em justificar a cientificidade peculiar da psicanálise.

Na obra em apreço, Freud assevera que a formação prévia dos seus ouvintes, que em sua maioria era composta de médicos, só poderiam convertê-los em adversários da psicanálise, e seria muito difícil superar sua instintiva oposição a ela. Além disso, o médico que escolhesse a psicanálise como profissão destruiria toda e qualquer possibilidade de sucesso em alguma universidade, porquanto sua atitude despertaria desconfiança e até hostilidade.[233]

No que tange à dificuldade relacionada ao ensino da psicanálise, Freud sustenta que nas aulas de medicina os professores e alunos costumar ver as coisas. Eles veem os preparados anatômicos, o precipitado decorrente da reação química e o encolhimento do músculo resultante do sucesso na estimulação de seus nervos. Posteriormente, o doente lhes é apresentado aos órgãos dos sentidos, juntamente com os sintomas de seu mal, os produtos do processo de adoecimento e mesmo, em numerosos casos, os causadores de doenças em estado isolado. À vista disso, o professor de medicina cumpre predominantemente o papel de um guia e intérprete a acompanhar os alunos por um museu enquanto eles travam contato direto com os objetos, que mediante sua própria percepção, creem haver se convencido da existência de novos fatos.[234]

De acordo com Freud, tais procedimentos poderiam ser perfeitamente aplicados nas demais ciências naturais, mas não seriam aplicados na psicanálise. No âmbito da psicanálise não ocorrem senão trocas de palavras entre o analisando e o analista. O paciente relata experiências passadas e impressões presentes, se queixa, confessa seus desejos e impulsos emocionais, etc. O analista ouve com atenção, busca dirigir o curso dos pensamentos do paciente, compele sua atenção para certas direções, dá-lhe explicações e observa as reações de compreensão e repúdio que, desse modo, desperta no doente. Parentes desinformados dos pacientes da psicanálise, aos quais só impressiona o que é visível e palpável, não perdem a oportunidade de manifestar suas dúvidas acerca de como se pode fazer alguma coisa contra a doença somente com palavras.[235]

A conversa que constitui o tratamento psicanalítico não admite ouvintes, e não se presta a demonstrações empíricas, de modo que uma aula de psicanálise deve ser comparada a uma aula de história. Numa aula de história, onde o professor fala sobre a vida e os feitos bélicos de

Alexandre, os alunos não teriam meios de acreditar na veracidade das informações veiculadas pelo mestre. Todavia, o discurso do historiador não deve ser considerado um *nonsense*, algo desprovido de significação, pois existem elementos que confirmam sua veracidade. Ele pode lançar mão de relatos de antigos escritores, contemporâneos dos fatos ou mais próximos dos acontecimentos em questão; reproduções conservadas de moedas e estátuas do rei, etc. Todavia, seria possível sustentar que nem tudo o que se relatou sobre Alexandre é digno de crédito ou verificável em seus detalhes, mas não seria razoável supor que alguém deixaria a sala duvidando da realidade histórica de Alexandre, o Grande. E isso ocorreria por duas razões: o professor não possui nenhum motivo concebível para expor aos senhores como real algo que ele não acredita que o seja; ademais, todos os livros de história disponíveis relatam os mesmos acontecimentos de maneira semelhante.[236]

E, conforme sucede no âmbito da ciência do direito, amiúde depende-se não de provas cabais, mas de indícios, que poderão tornar a decisão judicial mais ou menos provável. Num tribunal, uma condenação baseada em provas indiciárias ocorre também por razões práticas. No domínio da ciência psicanalítica acontece o mesmo, mas nem por isso o psicanalista deve deixar de explorar os indícios que surgem na experiência clínica. Portanto, constitui um equívoco acreditar que toda ciência se compõe apenas de proposições estritamente comprovadas, e seria injusto exigir que assim fosse. Para Freud, os epistemólogos ou filósofos da ciência que exigem comprovação empírica de todos os enunciados, teriam uma ânsia de autoridade, que necessita substituir seu catecismo religioso por outro, mesmo que científico. Decerto, em seu catecismo, a ciência tem apenas algumas *proposições apodíticas*, o restante são afirmações que ela elevou a certos graus de probabilidade. O contentamento com essas aproximações à certeza, na ausência de comprovações definitivas, e ser capaz de dar continuidade ao trabalho construtivo é justamente um sinal do modo de pensamento científico.[237]

Freud prossegue em sua reflexão aventando que se não existe *certificação objetiva* da psicanálise nem qualquer possibilidade de demonstrá-la em termos estritamente empíricos, como poderia alguém apreendê-la e se convencer da verdade de suas afirmações? Ele argumenta que a psicanálise é algo que se aprende pela *experiência subjetiva*, mediante o estudo da própria personalidade, da auto-observação. Assim, existe uma série de fenômenos psíquicos muito frequentes e conhecidos de todos – sonhos, atos falhos, sintomas neuróticos, chistes – que, após alguma instrução sobre a técnica, podemos observar em nós mesmos e tornar objetos de análise.[238]

Para Freud, as concepções psicanalíticas se tornam mais evidentes se o sujeito deixar-se analisar por um analista qualificado, de modo a experimentar os efeitos da análise na sua própria vida. Assim, esse caminho só pode ser percorrido por um indivíduo e jamais por toda uma sala de aula[239]. Isso ocorre porque qualquer estudante de medicina foi ensinado a fundamentar as funções do organismo e seus distúrbios na anatomia, a explicá-los com base na química e na física e a apreendê-los com base na biologia. Todavia, seu interesse não foi dirigido para a vida psíquica, na qual culminaria o funcionamento desse organismo de maravilhosa complexidade. Dentro da medicina, a psiquiatria preocupa-se em descrever os distúrbios psíquicos observados e agrupá-los em determinados quadros clínicos, mas os próprios psiquiatras amiúde duvidam que suas exposições puramente descritivas sejam merecedoras do nome de ciência. Essa é a lacuna que a psicanálise procura preencher, de modo a fornecer à psiquiatria o fundamento psicológico faltante. Para tanto, é necessário que a psicanálise se mantenha livre de todo e qualquer pressuposto anatômico, químico ou fisiológico que lhe seja estranho, e que trabalhe com conceitos auxiliares puramente psicológicos.[240]

Na visão de Freud, a principal razão pela qual as formulações da psicanálise ofendem o mundo inteiro e atrai sua aversão, consiste na tese de que os processos psíquicos são em si mesmos inconscientes, e que os conscientes são meros atos isolados, porções da totalidade da vida psíquica. A consciência seria considerada por todos (filósofos, médicos e psicólogos) como o caráter definidor do psíquico, e a psicologia como a ciência dos conteúdos da consciência. No entanto, a psicanálise não tem como não contradizê-la, porque não pode aceitar a identificação do inconsciente com o psíquico. Ela tem de postular a existência de um *pensar inconsciente* e de um *querer insciente*. E por sustentar esse ponto de vista, a psicanálise perdeu a simpatia de todos os amigos da cientificidade sóbria, atraindo para si a suspeita de constituir-se de uma fantástica doutrina secreta. Portanto, a hipótese da existência de processos psíquicos inconscientes abre o caminho para uma nova e decisiva orientação no mundo e na ciência.[241]

A concepção segundo a qual o psíquico é em si mesmo inconsciente permitiu a Freud construir a psicanálise como uma *Naturwissenschaft*, ou seja, como uma ciência da natureza, similar a qualquer outra. Para ele, foi a conquista do seu objeto – o inconsciente – que possibilitou à psicanálise reivindicar-se como *Naturwissenschaft*. E foi a unificação do objeto como unidade fenomenal, que possibilitou sua autonomia epistêmica em relação aos demais campos do saber. Além disso, os processos com os quais se ocupa a psicanálise são, em si, tão incognoscíveis quanto os das outras ciências, mas é possível estabelecer as leis às quais estão submetidos, detectar as relações recíprocas e suas interdependências num vasto domínio. E como toda ciência natural, a ciência dos processos inconscientes opera, por sua investigação, uma redução progressiva no incognoscível, chegando a ilhas de conhecimento efetivo, nos moldes da física e da química.[242]

REFERÊNCIAS

AFGOUSTIDIS, Dimitri. *A psicanálise*. Edições Loyola. São Paulo: 1991.

ALEXANDER, Franz. *Fundamentos da Psicanálise*. Jorge Zahar Editor. Rio de Janeiro: 1976.

ARISTÓTELES. *A Política*. Editora UNB. Brasília: 1997.

ASSOUN, Paul-Laurent. *Freud, a filosofia e os filósofos*. Editora Francisco Alves. Rio de Janeiro: 1978.

______________________. *O freudismo*. Jorge Zahar Editor. Rio de Janeiro: 1991.

BERG, J. H. van den. *Psicologia Profunda*. Editora Mestre Jou. São Paulo: 1980.

BIRMAM, Joel. *Freud e a filosofia*. Jorge Zahar Editor. Rio de Janeiro: 2003.

______________. *As pulsões e seus destinos*. Civilização Brasileira. Rio de Janeiro: 2009.

BRENNER, Charles. *Noções básicas de psicanálise: introdução à psicologia psicanalítica*. Imago Editora. São Paulo: 1975.

CORDÓN, J. M. N.; MARTÍNEZ, T. C. *História da filosofia: filosofia contemporânea*. Edições 70. Lisboa: 1995.

DACO, Pierre. *Os triunfos da psicanálise*, vol. 2. Portugália Editora. Lisboa: 1965.

EYSENCK, H. J. *Factos e mitos da psicologia*. Editora Ulisseia. Lisboa: 1965.

FREUD, S. *Artigos sobre Metapsicologia*. Imago. Rio de Janeiro: 2004.

__________. *A história do Movimento Psicanalítico, Artigos sobre a Metapsicologia e outros trabalhos*. Vol. XIV. Imago Editora. Rio de Janeiro: 2006.

__________. *A interpretação dos Sonhos*. Vol. I. Círculo do Livro. São Paulo: 1987.

__________. *Conferências introdutórias sobre Psicanálise*. Parte III. Vol. XVI. Imago. Rio de Janeiro: 2006.

__________. *Cinco lições de Psicanálise, Leonardo da Vinci e outros trabalhos*. Vol. XI. Imago Editora. Rio de Janeiro: 2006.

__________. *Esboço de Psicanálise*. Imago Editora. Rio de Janeiro: 2001.

__________. *Inibição, sintoma e angústia, O futuro de uma ilusão e outros textos*. Companhia das Letras. São Paulo: 2014.

__________. *O mal-estar na civilização*. Penguin e Companhia das Letras. São Paulo: 2013.

__________. *O Caso Schereber, Artigos sobre Técnica e outros trabalhos*. Vol. XII. Imago Editora. Rio de Janeiro: 2006.

__________. *O Ego e o Id e outros trabalhos*. Imago Editora. Rio de Janeiro: 2006.

__________. *O futuro de uma ilusão*. L&PM Editores. Porto Alegre: 2015.

__________. *Novas Conferências Introdutórias sobre Psicanálise e outros trabalhos*. Imago Editora. Rio de Janeiro: 2006.

__________. *Psicologia das massas e análise do eu*. L&PM Pocket. Porto alegre: 2013.

__________. *Sobre a Psicopatologia da vida cotidiana*. La fonte.

São Paulo: 2014.

___________. *Três Ensaios sobre a Teoria da Sexualidade*. *Imago* Editora. Rio de Janeiro: 1997.

___________. *Um Estudo Autobiográfico; Inibições, sintomas e ansiedade; Análise leiga e outros trabalhos*. Vol. XX. Imago Editora. Rio de Janeiro: 2006.

___________. *Totem e Tabu*. Penguin & Companhia das Letras. São Paulo: 2013.

GARCIA-ROSA, Luiz Alfredo. *Freud e o inconsciente*. Jorge Zahar Editor. Rio de Janeiro: 2016.

GAY, Peter. *Freud: uma vida para o nosso tempo*. Companhia das Letras. São Paulo: 1989.

HADOT, Pierre. *O que é a filosofia antiga?* Edições Loyola. São Paulo: 2014.

HALL, Calvin S.; NORDBY, Vernon J. *Introdução à psicologia junguiana*. Editora Cultrix. São Paulo: 2012.

HOBBES, Thomas. *Leviatã*. Martins Fontes. São Paulo: 2003.

HORNEY, Karen. *A personalidade neurótica de nosso tempo*. Civilização Brasileira. Rio de Janeiro: 1977.

JAPIASSU, HILTON. *Psicanálise: ciência ou contraciencia?* Imago Editora. Rio de Janeiro: 1998.

KAHN, Michael. *Freud básico*. Civilização Brasileira. Rio de Janeiro: 2011.

LACAN, J. *O seminário. Livro 7: a ética da psicanálise*. Jorge Zahar Editor. Rio de Janeiro: 1988.

LAGACHE, Daniel. *A psicanálise*. DIFEL. Rio de Janeiro: 1978.

LAPLANCHE, J.; PONTALIS J. *Vocabulário da Psicanálise.* Martins Fontes. São Paulo: 1992.

MESAN, Renato. *Freud: a trama dos conceitos.* Perspectiva. São Paulo: 2008.

___________. *Pesquisa em psicanálise: algumas reflexões.* Jornal de psicanálise, junho. São Paulo: 2006.

MILL, J. S. *Utilitarismo.* Porto Editora. Porto: 2005.

NASIO, J. D. *O prazer de ler Freud.* Jorge Zahar Editor. Rio de Janeiro: 1999.

PLATÃO. *Górgias.* Perspectiva. São Paulo: 2015.

KAHN, Michael. *Freud básico.* Civilização Brasileira. Rio de Janeiro: 2011.

POPPER, Karl R. *A lógica da pesquisa científica.* Editora Cultrix. São Paulo: 2008.

RAPAPORT, David. *A estrutura da teoria psicanalítica.* Perspectiva. São Paulo: 1982.

ROAZEN, Paul. *Freud: pensamento político e social.* Editora Brasiliense. São Paulo: 1973.

ROSENFELD. *O pensamento psicológico.* Perspectiva. São Paulo: 2013.

SCHOPENHAUER, Arthur. *Aforismos para a sabedoria de vida.* L&PM Editores. Porto Alegre: 2017.

TALLAFERRO, A. *Curso básico de psicanálise.* Martins Fontes. São Paulo: 2016.

THOMPSON, Clara. *Evolução da psicanálise.* Zahar Editores. Rio de Janeiro: 1969.

¹ FREUD, S. *Conferências introdutórias à psicanálise*, p. 110.

² *Ibid.*, p. 172.

³ *Ibid.*, p. 173.

⁴ *Ibid.*, p. 172.

⁵ *Ibid.*, p. 191-192.

⁶ *Ibid.*, p. 184-186.

⁷ *Ibid.*, p. 193.

⁸ *Ibid.*, p. 192.

⁹ *Ibid.*, p. 197.

¹⁰ *Ibid.*, p. 193.

¹¹ *Ibid.*, p. 197-198.

¹² *Ibid.*, p. 198.

¹³ Freud, S. *A história do Movimento Psicanalítico, Artigos sobre a Metapsicologia e outros trabalhos*, p. 33.

¹⁴ *Ibid.*, p. 33.

¹⁵ *Idem. Conferências introdutórias sobre Psicanálise*, p. 292.

¹⁶ *Ibid.*, p. 370.

¹⁷ TALLAFERRO, A. *Curso básico de psicanálise*, p. 30.

¹⁸ FREUD, S. *Esboço de Psicanálise*, p. 26-27.

¹⁹ ASSOUN, P.-L. *Freud, a filosofia e os filósofos*, p. 23; 27.

²⁰ ROSENFELD, A. *O pensamento psicológico*, p. 92-93.

²¹ BIRMAN, J. *As pulsões e seus destinos*, p. 46-51.

²² FREUD, S. *Artigos sobre Metapsicologia*, p. 12.

²³ *Idem. Conferências introdutórias sobre Psicanálise*, p. 360.

²⁴ *Idem. Esboço de Psicanálise*, p. 15.

²⁵ *Ibid.*, p. 11-12; 78-79.

²⁶ *Ibid.*, p. 11-12.

²⁷ *Ibid.*, p. 13.

²⁸ BRENNER, Charles. *Noções básicas de psicanálise: introdução à psicologia psicanalítica*, p. 125.

²⁹ TALLAFERRO, A. *Curso básico de psicanálise*, p. 94-98.

³⁰ FREUD, S. *Conferências introdutórias à psicanálise.* p. 413.

[31] *Idem.*, p. 445.

[32] A psicanalista Clara Thompson (*A evolução da Psicanálise*, p. 42) rejeita a hipótese de Freud, segundo a qual, o complexo de Édipo possui uma validade universal. Para ela a investigação antropológica teria demonstrado que o complexo de Édipo não é universal, mas é o resultado de uma sociedade patriarcal monogâmica. Assim, o complexo de Édipo se desenvolveria somente em situações onde um pequeno grupo familiar constitui o primeiro mundo interpessoal da criança.

[33] FREUD, S. *Conferências introdutórias à psicanálise*, p. 441.

[34] LAPLANCHE, J.; PONTALIS J. *Vocabulário da Psicanálise*, p. 341.

[35] FREUD, S. *O mal-estar na civilização*, p. 50.

[36] *Idem. Três Ensaios sobre a Teoria da Sexualidade*, p. 28.

[37] FREUD, S. *Conferências introdutórias* Convém *à psicanálise*, p. 403.

[38] *Idem. Três Ensaios sobre a Teoria da Sexualidade*, p. 14-15.

[39] *Idem. Conferências introdutórias à psicanálise,*

[40] *Ibid.*, p. 408.

[41] *Idem. Além do Princípio do Prazer, Psicologia de Grupo e outros trabalhos*, p. 118.

[42] *Idem. Três Ensaios sobre a Teoria da Sexualidade*, p. 32.

[43] *Ibid.*, p. 33.

[44] *Ibid.*, p. 36.

[45] *Ibid.*, p. 37.

[46] *Ibid.*, p. 37.

[47] *Ibid.*, p. 38.

[48] *Idem. Conferências introdutórias à psicanálise*, p. 405.

[49] *Idem. Artigos sobre Metapsicologia*, p. 19.

[50] *Idem. Três Ensaios sobre a Teoria da Sexualidade*, p. 68-69.

[51] *Idem. Conferências introdutórias à psicanálise*, p. 420.

[52] *Idem. Esboço de Psicanálise*, p. 20.

[53] *Ibid.* p. 21.

[54] *Idem. Três Ensaios sobre a Teoria da Sexualidade*, p. 58.

[55] A zona erógena trata-se de uma região da pele ou da mucosa em que

certos tipos de estimulação provocam uma sensação prazerosa, a exemplo da boca, do ânus, e dos órgãos genitais. Essas regiões do corpo ligam-se de maneira marcante a uma propriedade erógena, porém, qualquer ponto da pele ou da mucosa pode ser excitável e tomar a seu encargo as funções de uma zona erógena.

[56] FREUD, S. *Conferências introdutórias à psicanálise*, p. 452.

[57] KAHN, Michael. *Freud básico: pensamentos psicanalíticos para o século XXI*, p. 68-69.

[58] FREUD, S. *Três Ensaios sobre a Teoria da Sexualidade*, p. 30.

[59] *Ibid.*, p. 64.

[60] *Ibid.*, p. 64.

[61] *Ibid.*, p. 64.

[62] KAHN, Michael. *Freud básico: pensamentos psicanalíticos para o século XXI*, p. 71-72.

[63] FREUD, S. *Esboço de Psicanálise*, p. 22.

[64] *Ibid.*, p. 22 e 23.

[65] *Ibid.*, p. 67-68.

[66] FREUD, S. *Três Ensaios sobre a Teoria da Sexualidade*, p. 73.

[67] KAHN, Michael. *Freud básico: pensamentos psicanalíticos para o século XXI*, p. 75.

[68] *Ibid.*, 75-76.

[69] FREUD, S. *Três Ensaios sobre a Teoria da Sexualidade*, p. 56.

[70] *Ibid.*, p. 85.

[71] *Ibid.*, p. 85.

[72] *Ibid.*, p. 86.

[73] *Idem. Conferências introdutórias sobre Psicanálise*, p. 361.

[74] *Idem. Esboço de Psicanálise*, p. 59.

[75] *Idem. Conferências introdutórias sobre Psicanálise*, p. 352-353.

[76] *Ibid.*, p. 361.

[77] *Ibid.*, p. 399.

[78] *Ibid.*, p. 266.

[79] *Ibid.*, p. 267.

[80] *Ibid.*, p. 272-276.

81 Dora foi o pseudônimo da paciente de Freud, chamada Ida Bauer (1882-1945).

82 FREUD, S. *Além do princípio do prazer, Psicologia de grupo, e outros trabalhos*, p. 242.

83 MESAN, R. *Freud: a trama dos conceitos*, p. 231.

84 *Ibid.*, p. 232.

85 FREUD, S. *Artigos sobre Metapsicologia*, p. 12.

86 *Idem. Esboço de Psicanálise*, p. 15.

87 *Idem. Artigos sobre Metapsicologia*, p. 12.

88 *Ibid.*, p. 13-14.

89 LAGACHE, Daniel. *A psicanálise*, p. 28.

90 GARCIA-ROSA, Luiz Alfredo. *Freud e o inconsciente*, p. 115.

91 FREUD, Sigmund. *Artigos sobre Metapsicologia*, p. 14-15.

92 GARCIA-ROSA, Luiz Alfredo. *Freud e o inconsciente*, p. 132.

93 FREUD, S. *Esboço de Psicanálise*, p. 15.

94 AFGOUSTIDIS, Dimitri. *A psicanálise*, p. 69.

95 FREUD, S. *O mal-estar na civilização*, p. 64; 67-68.

96 *Idem. Esboço de psicanálise*, p. 16.

97 *Ibid.*, p. 69.

98 *Idem. Novas Conferências Introdutórias sobre Psicanálise e outros trabalhos*, p. 191-192.

99 *Ibid.*, p. 195.

100 *Ibid.*, p. 195.

101 *Ibid.*, p. 203.

102 *Ibid.*, p. 203-204.

103 FREUD, S. *Novas Conferências Introdutórias sobre Psicanálise e outros trabalhos*, p. 204.

104 *Idem. Artigos Sobre Metapsicologia*, p. 17.

105 *Ibid.*, p. 33.

106 KAHN, M. *Freud Básico*, p. 161-162.

107 FREUD, S. *Artigos Sobre Metapsicologia*, p. 29-30.

108 *Idem. Conferências introdutórias à psicanálise. Terceira parte, capítulo 19*, p. 391.

109 *Ibid.*, p. 391.

110 DACO, Pierre. *Os Triunfos da psicanálise*, p. 242-244.

111 FREUD, S. *Artigos sobre Metapsicologia*, p. 17.

112 O verdadeiro nome do pequeno Hans chamava-se Herbert Graf, e o seu pai se chamava Max Graf.

113 FREUD, S. *Conferências introdutórias à psicanálise*, p. 332-339.

114 *Idem. Artigos sobre Metapsicologia*, p. 17.

115 *Idem. Conferências introdutórias à psicanálise*, p. 459.

116 *Idem. Três Ensaios sobre a Teoria da Sexualidade*, p. 115.

117 *Idem. O mal-estar na civilização*, p. 23-24.

118 ALEXANDER, Franz. *Fundamentos da Psicanálise*, p. 96.

119 FREUD, S. *O mal-estar na civilização*, p. 18-19.

120 *Ibid.*, p. 19.

121 LACAN, J. *O seminário. Livro 7: a ética da psicanálise*, p. 23.

122 FREUD, S. *O mal-estar na civilização*, p. 27.

123 *Ibid.*, p. 19.

124 *Idem. Além do princípio de prazer*, p. 43.

125 *Idem. Conferências introdutórias à psicanálise*, p. 474.

126 *Ibid.*, p. 43.

127 HADOT, Pierre. *O que é a filosofia antiga?*, p. 171-173.

128 GAY, Peter. *Freud: uma vida para o nosso tempo*, p. 50.

129 MILL, J. S. *Utilitarismo*, p. 48-49.

130 FREUD, S. *O mal-estar na civilização*, p. 21.

131 SCHOPENHAUER, Arthur. *Aforismos para a sabedoria de vida*, p. 144.

132 FREUD, Sigmund. *O mal-estar na civilização*, p. 21.

133 NASIO, J. D. *O prazer de ler Freud*, p. 27.

134 PLATÃO. *Górgias*, 492a-c.

135 FREUD, S. *Conferências introdutórias à psicanálise*, p. 413.

136 *Idem. O mal-estar na civilização*, p. 23; 25.

137 *Ibid.*, p. 28.

138 *Ibid.*, p. 21-22.

139 GAY, Peter. *Freud: uma vida para o nosso tempo*, p. 55-57.

140 *Ibid.*, p. 383; 587.

141 HORNEY, Karen. *A personalidade neurótica de nosso tempo*, p. 22.

142 *Ibid.*, p. 113.

143 FREUD, S. *Três Ensaios sobre a Teoria da Sexualidade*, p. 115.

144 *Idem. O mal-estar na civilização*, p. 23-24.

145 *Ibid.*, p. 25.

146 *Idem. Inibição, sintoma e angústia, O futuro de uma ilusão e outros textos*, p. 170.

147 LAGACHE, Daniel. *A psicanálise*, p. 114-116.

148 GAY, Peter. *Freud: uma vida para o nosso tempo*, p. 40.

149 ROAZEN, Paul. *Freud: pensamento político e social*, p. 71.

150 FREUD, S. *O mal-estar na civização*, p. 7-8.

151 *Ibid.*, p. 8.

152 LAGACHE, Daniel. *A psicanálise*, p. 36.

153 A palavra alemã "ich" empregada por Freud nos seus textos é frequentemente traduzida "ego" ou simplesmente por "eu". Todavia, nessa obra somente o primeiro termo será empregado, a despeito do uso corrente do termo "eu" nas diversas traduções aqui consultadas.

154 O psicanalista holandês J. H. van den Berg (1914-2012) destaca que o *id* é caracterizado por quatro qualidades básicas que o diferencia do *ego* e do *superego*: o id é de natureza hedonista, ou seja, ele é regido pelo *princípio do prazer*; o id nada tem com o superego, o que significa que ele é amoral; em contraste com o ego, o id nada sabe do mundo exterior, da realidade, por isso ele é irracional; e o id não envelhece, ou seja, aquilo que foi reprimido está desligado do tempo (*Psicologia Profunda*, p. 73).

155 FREUD, S. *O mal-estar na civilização*, p. 9-10.

156 *Idem. Além do princípio de prazer*, p. 48.

157 *Ibid.*, p. 11; 15.

158 *Ibid.*, p. 16.

159 *Idem. O futuro de uma ilusão*, p. 62-63.

160 *Ibid.*, p. 85.

161 ASSOUN, Paul-Laurent. *O freudismo*, p. 83-84.

162 GAY, Peter. *Freud: uma vida para o nosso tempo*, p. 43.

163 FREUD, S. *O futuro de uma ilusão* p. 80-81.

164 *Idem. O mal-estar na civilização*, p. 17.

165 De acordo com Peter Gay, Sigmund Freud aceitou o inevitável destino de morrer com a resignação e a coragem de um filósofo estoico. Enquanto o seu médico estava à beira das lágrimas, Freud encarou a morte com dignidade e sem auto piedade (*Freud: uma vida para o nosso tempo*, p. 587).

166 FREUD, S. *O mal-estar na civilização*, p. 30-31.

167 *Ibid.*, p. 32.

168 *Idem. Esboço de psicanálise*, p. 62.

169 HALL, Calvin S.; NORDBY, Vernon J. *Introdução à psicologia junguiana*, p. 40-42.

170 FREUD, S. *Conferências introdutórias à psicanálise*, p. 464.

171 *Idem. Esboço de psicanálise*, p. 62-63.

172 *Idem. O mal-estar na civilização*, p. 32-33.

173 *Ibid., O mal-estar na civilização*, p. 36-37.

174 *Ibid.*, p. 37.

175 *Ibid.*, p. 38.

176 *Ibid.*, p. 39.

177 *Ibid.*, p. 40.

178 *Ibid.*, p. 41.

179 *Ibid.*, p. 43.

180 *Idem. Totem e Tabu*, p. 10-11.

181 *Idem. Conferências introdutórias à psicanálise*, p. 445.

182 Sigmund Freud aplicava a expressão "complexo de Édipo" para explicar tanto o desejo incestuoso masculino como o feminino. Posteriormente, com base no mito grego de Electra, C. G. Jung empregou a expressão "complexo de Electra" exclusivamente para o sexo feminino. De acordo com o mito, Electra era a filha do rei Agamêmnon e da rainha Clitemnestra. Desejosa por vingar a morte do pai, que fora morto pela esposa e seu amante Egisto, Electra induz seu irmão Orestes a matar a própria mãe.

183 FREUD, S. *Conferências introdutórias à psicanálise*, p. 443.

[184] A *psicanálise culturalista* procura basicamente interpretar as descobertas de Sigmund Freud sob uma perspectiva cultural, em detrimento de qualquer orientação biológica. Harry Stack Sullivan (1892-1949), Clara Thompson (1893-1958), Erich Fromm (1900-1980) e Karen Horney são considerados os principais representantes dessa vertente psicanalítica.

[185] FREUD, S. *O Ego e o Id e outros trabalhos*, p. 49-50.

[186] NASIO, J. D. *O prazer de ler Freud*, p. 40.

[187] Não somente Freud, mas também o antropólogo francês Claude Lévi-Strauss (1908-2009) em sua obra *As estruturas elementares do parentesco* (1949), defende a hipótese da existência universal da proibição do incesto.

[188] FREUD, S. *O mal-estar na civilização*, p. 45-46.

[189] ARISTÓTELES. *A Política*, 1252a 31-1252b 3; 1252b 28-29; 1253a 3-7.

[190] FREUD, S. *O mal-estar na civilização*, p. 46.

[191] *Ibid.*, p. 47-48.

[192] *Ibid.*, p. 47.

[193] *Ibid.*, p. 49.

[194] *Ibid.*, p. 49.

[195] *Ibid.*, p. 57.

[196] *Ibid.*, p. 57.

[197] HOBBES, Thomas. *Leviatã*. Capítulo XIII.

[198] *Ibid.* Capítulo XXI.

[199] FREUD, Si. *O mal-estar na civilização*, p. 57.

[200] FREUD, Sigmund. *Novas Conferências Introdutórias sobre Psicanálise e outros trabalhos*, p. 175.

[201] *Idem. O mal-estar na civilização*, p. 58.

[202] *Ibid.*, p. 59.

[203] *Idem. Novas Conferências Introdutórias sobre Psicanálise e outros trabalhos*, p. 191-192.

[204] *Ibid.*, p. 195.

[205] *Ibid.*, p. 195.

[206] *Ibid.*, p. 203.

207 *Ibid.*, p. 203-204.

208 FREUD, S. *Novas Conferências Introdutórias sobre Psicanálise e outros trabalhos*, p. 204.

209 *Ibid.*, p. 204-205.

210 *Ibid.*, p. 205.

211 *Ibid.*, p. 205-206.

212 *Idem. Psicologia da massas e análise do eu*, p. 44-55.

213 *Idem. Novas Conferências Introdutórias sobre Psicanálise e outros trabalhos*, p. 207.

214 *Ibid.*, p. 207.

215 *Ibid.*, p. 208.

216 Segue o comentário do próprio Freud acerca dessa ocasião (*A história do Movimento Psicanalítico, Artigos sobre a Metapsicologia e outros trabalhos*, p. 31): "*Ingenuamente dirigi-me a uma reunião da Sociedade de Psiquiatria e Neurologia de Viena, presidida então por Krafft-Ebing, na esperança de que as perdas materiais que voluntariamente sofri fossem compensadas pelo interesse e reconhecimento dos meus colegas. Considerava minhas descobertas contribuições normais à ciência e esperava que fossem recebidas com esse mesmo espírito. Mas o silêncio provocado pelas minhas comunicações, o vazio que se formou em torno de mim, as insinuações que me foram dirigidas, pouco a pouco me fizeram compreender que as afirmações sobre o papel da sexualidade na etiologia das neuroses não podem contar com o mesmo tipo de tratamento dado ao comum das comunicações. Compreendi que daquele momento em diante eu passara a fazer parte do grupo daqueles que 'perturbaram o sono do mundo', como diz Hebbel e que não poderia contar com objetividade e tolerância*".

217 CORDÓN, J. M. N.; MARTÍNEZ, T. C. *História da filosofia: filosofia contemporânea*, p. 134.

218 MESAN, Renato. *Pesquisa em psicanálise: algumas reflexões*, p. 229.

219 JAPIASSU, Hilton. *Psicanálise: ciência ou contra ciência?*, p. 45-46.

220 POPPER, Karl R. *A lógica da pesquisa científica*, p. 42.

221 MESAN, Renato. *Pesquisa em psicanálise: algumas reflexões*, p. 230.

222 JAPIASSU, Hilton. *Psicanálise: ciência ou contraciência*, p. 50-51.

223 *Ibid.*, p. 60-61.

224 BIRMAN, Joel. *Freud e a filosofia*, p. 53.

225 JAPIASSU, Hilton. *Psicanálise: ciência ou contraciência?*, p. 62-63.

226 BIRMAM, Joel. *As pulsões e seus destinos*, p.70.

227 Escreve Freud a este respeito (*Conferências introdutórias à psicanálise*, p. 326-327): *"Por outro lado, não pensem que aquilo que lhes apresento como a concepção psicanalítica é um sistema baseado na especulação. Decorre, isto sim, da experiência, é expressão direta da observação ou resultado da elaboração da experiência. Se essa elaboração ocorreu de forma satisfatória e justificada, é algo que se mostrará com o avanço dessa ciência de minha parte, passadas quase duas décadas, e meia e já avançado em anos, permito-me afirmar, sem jactância, que tais observações foram o produto de um trabalho árduo, intenso e aprofundado. Muitas vezes tive a impressão de que nossos opositores não queriam levar em conta essas origens de nossas afirmações, como se acreditassem que são ideias puramente subjetivas, a que outros poderiam opor o que lhes aprouvesse."*

228 FREUD, S. *Artigos sobre Metapsicologia*, p. 9.

229 BIRMAN, Joel. *Freud e a filosofia*, p. 52.

230 *Idem. As pulsões e seus destinos*, p.71-72;74.

231 EYSENCK, H. J. *Factos e mitos da psicologia*, p. 130.

232 ASSOUN, Paul-Laurent. *Freud, a filosofia e os filósofos*, p. 48.

233 FREUD, S. *Conferências introdutórias à psicanálise*, p. 20.

234 *Ibid.*, p. 21.

235 *Ibid.*, p. 22.

236 *Ibid.*, p. 23-24.

237 *Ibid.*, p. 67.

238 *Ibid.*, p. 25.

239 Para David Rapaport (1911-1960), o método fundamental da psicanálise não é o estritamente empírico, mas o da relação interpessoal, mais especificamente, é a variante da observação participante do método da relação interpessoal. A psicanálise vale-se de técnicas da observação participante e, entre elas, da técnica não diretiva (livre-associação), da técnica interpretativo-genética e da

técnica de análise de defesa. E esses métodos e técnicas associam-se em vista dos fenômenos que se relacionam com o conceito de transferência (*A estrutura da teoria psicanalítica*, p. 110-111).

[240] FREUD, S. *Conferências introdutórias à psicanálise*, p. 26-27.

[241] *Ibid.*, p. 29.

[242] *Idem. Esboço de Psicanálise*, p. 27.

www.ingramcontent.com/pod-product-compliance
Lightning Source LLC
Chambersburg PA
CBHW061744250726
48657CB00001B/28